知っておきたい 漢字の知識

阿辻哲次 著

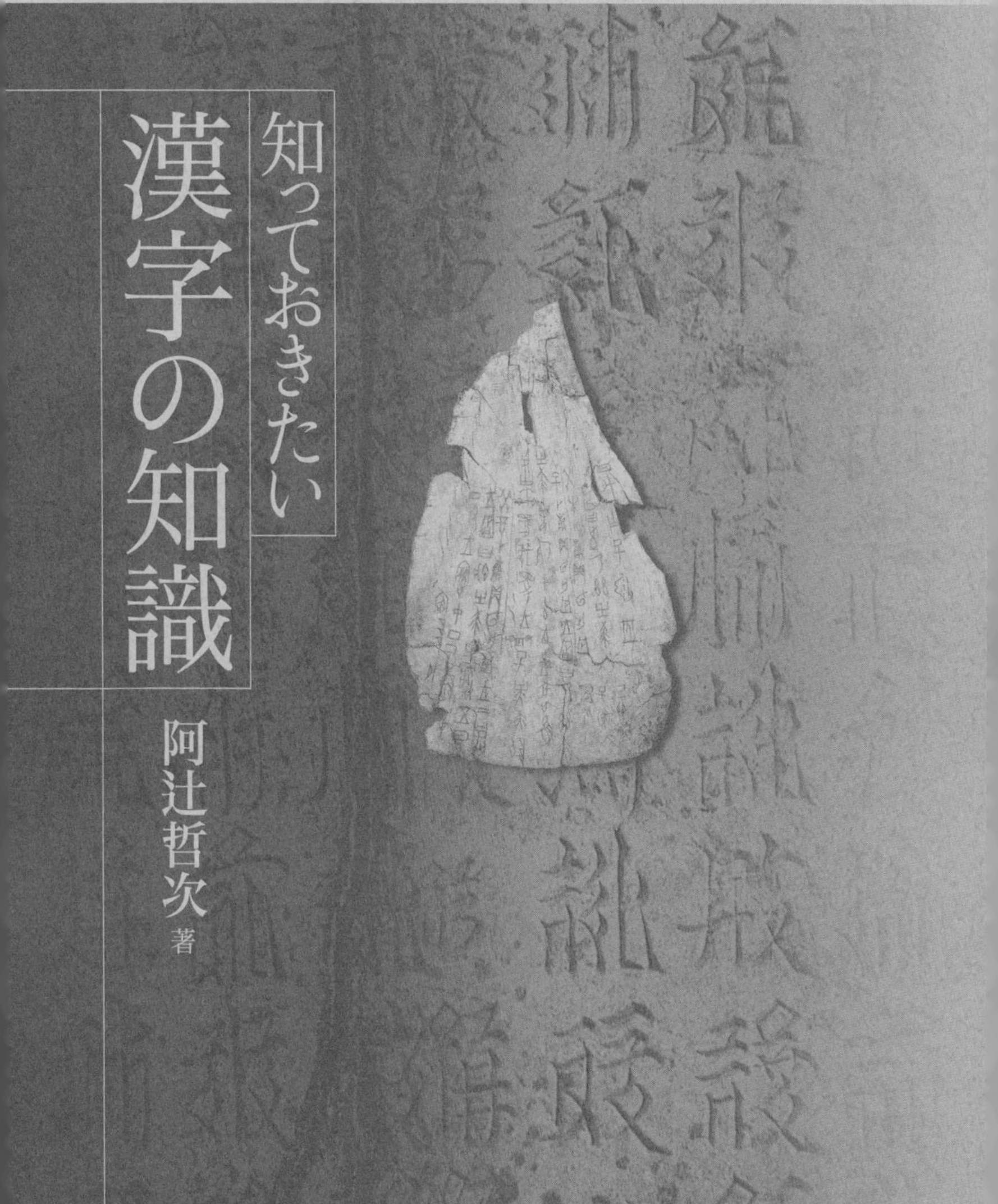

柳原出版

知っておきたい漢字の知識

はじめに

先日電車に乗っていた時、7人掛けの椅子にすわった人が、みんな片手に携帯電話をもってうつむき、メールのやりとりをしているという光景を目にしました。以前は車内で雑誌や新聞を読んでいた人がいっぱいいいたのに、最近の電車ではメールの送受信をしている人の方が多くなってきたようです。わずかでも時間があれば、携帯電話からメールを送る人が激増しています。

メールは一方通行ですから、相手が食事中だろうが風呂に入っていようが、いっさいかまわず発信できます。音を出さないように設定しておけば、たとえ講義中でもメールのやりとりができます。静かに講義を受けていると思っていたら、友人とメールのやりとりを楽しんでいるという学生が、私の勤める大学にもたくさんいます。

しかしこのように頻繁に「電子の手紙」をやりとりしている人でも、かつて「筆まめ」

と呼ばれた人々と同じタイプに属するわけではありません。事実はむしろ逆で、メール愛好者の中には、これまで葉書や手紙とほとんど無縁であった人が圧倒的に多いように見受けられます。手紙だけではなく、おそらく学校の作文や読書感想文などをできるだけ避けてきた人たちが、いま電話機を使って寸暇を惜しんでメールを書きまくっています。これはいったいどういうことなのでしょう?

もちろん流行のメディアを使っているという楽しさもあるでしょう。要するに「かっこいい」とか「進んでいる」というわけです。しかしそんな軽薄な動機以外に、文章を書く環境がぐっと簡単になったという点が、メール流行の背景にあることはまちがいない事実です。手紙とちがってメールはいつでもどこでも気軽に書けますし、さらにメールでは文字の美しさに神経を使う必要がないというメリットもあります。携帯電話でやりとりされるメールは、そもそもプリントアウトされることすら想定されていません。それは受信者だけに向けられた個人的なメッセージであり、かつての手紙に見られた「時候の挨拶」などはまったく存在しません。「どうしてる?元気?」とか、「明日のコンパなに着ていくの?」というような書きだしから始められる「手紙」が、電車に乗っている時とか、注文したラーメンができるまでに書けるのですから、こんな便利な道具が流行しないはずがありません。しかしそんな簡単なメールでも、漢字を使うことだけは避けられません。なぜなら平仮名やカタカナだけで書かれたメールは非常に読みにくいし、誤読の可能性すらあるからです。

カタカナだけで書かれた電報など見たこともない若い世代にとっては、日本語は漢字と仮名をまじえて書くのが当たり前で、それ以外の書き方などまず考えられません。だから彼らにも、漢字をほとんど使っていない、あるいは使い方をまちがえている文章を、知的レベルが低いものととらえる感覚ははっきりと存在します。「さんかしゃはじゅんびをととのえてごぜん10じにえきにしゅうごう」というメールを受けとった若者が、その発信者の言語的センスについて何も感じない、ということはやはりこの時代においても考えられないのです。

こうして作文などとはまったく無縁だった若者が、漢字仮名交じりの日本語をどんどん書きだしました。しかしこれまで国語の学習をおろそかにしていたから、簡単なメールでも漢字の使い方がわからない、という事態がいたるところで起こるようになりました。コンビニに漢字のパズル雑誌が何種類も置かれ、漢字の書き取り試験に百万人をこえる若者が参加するという現象は、そう考えれば不思議でもなんでもありません。

思えば、漢字は日本語を書くためには欠かすことができない文字であるにもかかわらず、これまで社会的にも文化的にも、あまりにも冷遇されつづけてきたのではないでしょうか。過去のアジアの文化を発展させてきた最大の原動力である漢字について、できればこれくらいは知っておいていただきたい、と思えることがらを本書にまとめてみました。この本を通じて、よりたくさんの人が漢字に興味をもっていただければ、著者としてそんなにうれしいことはありません。

『知っておきたい漢字の知識』

目次

第3章 これからの漢字を考える

装幀――鷺草デザイン事務所

知っておきたい漢字の知識

第1章

「漢字」とはなにか？

日本語を書くための文字

これから漢字についていろいろと考えていこうと思いますが、最初にまず、私たちにとって漢字とはなんだろうか、という点から話をはじめましょう。

最近よく「漢字ブーム」ということばを耳にします。たしかに漢字の書き取りを出題する検定試験には若い世代を中心に、年に三回実施される試験にのべ二五〇万人以上の人が挑戦しているそうです。毎年一月に実施される「センター入試」の受験者がだいたい六〇万人前後ですから、この数字がいかに大きなものかがおわかりでしょう。

出版の世界でもながく漢字ブームが続いていて、その漢字検定試験のための問題集や対策本、あるいは難読字や珍読字を集めた「漢字のウンチクもの」、あるいは漢字を題材にしたクロスワードパズルの雑誌などが、書店やコンビニの棚にたくさん並んでいます。もちろんこの本だって「漢字もの」の一つになるわけですが、ただこの本では個別の漢字や熟語は取り上げず、漢字という大きなシステム全体を見渡して、これまであまり正面から論じられてこなかったテーマを重点的に取り上げ、簡単に説明していこうと思います。

漢字は私たち日本人にとってはまるで空気のような存在で、日頃はあらたまってそれを意識することがありません。ただ空気がなければ人間は生きていけないのとはちがい、漢字がなくても私たちの命に別状があるわけではありません。だから正面から漢字について考えるということが日頃はあまりないのでしょう。漢字のことを毎日よく考えているのは、私のように仕事で漢字を扱う者の他には、学校や塾の国語の先生と、書き取りの試験に追われている小中学生、それにさきほど触れた漢字検定試験で上級試験合格を目指している人くらいかも知れません。

日常生活のなかで漢字を普通に読み書きしていても、ほとんどの人にとっては、学校時代に経験した漢字の試験はいやな思い出にちがいありません。そんな試験がもしも夢の中に出てきたらきっとうなされる、という人だってたくさんいることでしょう。今は漢字の研究を本職としている私だって、学生時代の書き取りの試験は大嫌いでしたし、成績もそんなによくありませんでした。

学生時代に書き取りの試験に苦しめられた結果、漢字なんか大嫌いだ！と思うようになった人も少なくないことでしょう。しかし、だからといって、漢字がまったくない生活というのも、今の日本人にはちょっと想像しにくいのではないでしょうか。

私たちは毎日の生活の中で、家庭や職場、あるいは学校で、漢字で書かれた文章をたくさん読み、そして書いています。もちろん学生と社会人では密度がちがいますし、社会人でも年齢や仕事の中身によって個人差がありますが、普通に考えても、朝の食卓で読む新聞にはじまって、夜寝るまで、誰だって実にたくさんの数の漢字と接触しているはずです。特に最近大流行の電子メールを使っている人なら、ほとんど毎日朝から夜までたくさんの漢字をキーボードや携帯電話のキーから入力しているはずです。

◎多種類の文字を使う日本人

それぞれの人が漢字に詳しいか詳しくないかは別にして、私たちは漢字とこのように日々深くつきあっていますが、しかし私たちが使っている文字が漢字だけというわけではもちろんありません。日本語は中国語とはちがい、すべて漢字ばかりで書かれるわけではないからです。

日本語に使われる文章の書き方を「漢字仮名まじり文」と呼んでいます。日本語を書く時に、私たちは実際には漢字のほかにひらがなとカタカナを使いますし、それ以外にもABCなどのローマ字もよく使います。時には「プラスα」とか「βカロチン」、あるいは「γ-GTP」というように、ギリシャ文字を使うことすらあります。これだけですでに五種類の文字を使っていることになります。

ご存じのようにひらがなとカタカナはもともと漢字から作られた文字ですが、しかし漢字と仮名にはそれぞれ長い歴史があって、今ではまったくちがった使い方をするようになっています。このようにいくつかの異なったタイプの文字をまじえて使うのは、実は世界でも珍しい言語表記方法なのです。

ちょっと考えてみるだけでも、英語やフランス語・ドイツ語・イタリア語などはぜんぶローマ字（ラテン文字）で書かれていますし、ロシア語やポーランド語はキリル文字という文字だけで書かれます。アラビア語系統の言語はすべてアラビア文字で書かれますし、中国語は漢字だけで書かれています。世界中どこの言語でも、だいたい一種類の文字だけで書かれるのが普通です。

それに対して、日本語のように数種類の文字を使い分けて書く言語には、他に漢字とハングル（朝鮮韓国語を書くための表音文字）をまぜて書く韓国語があります。北朝鮮（朝鮮民主主義人民共和国）では今はもう漢字がほとんど使われず、ハングルだけで文章が書かれているようですが、韓国では今も漢字を使っていて、新聞などでは漢字とハングルをまぜて使っています。ただ韓国語では漢字以外にハングル一種類だけなのに対して、日本語ではそれがひらがなとカタカナの二種類に分かれていて、それぞれに決まった「役割分担」があります。この点で、日本語は世界で一番複雑な書き方をしている言語であるといっても、おそらくまちがいではないと思います。

カタカナだけで書かれた電報の文章

もちろん日本語だって、漢字を使わず、すべてひらがなやカタカナだけで書くこともできます。幼児向けの絵本は実際そのように書かれていますし、大人向けの文章だって、一昔前にはそんなものがありました。最近の若い方々はご存じないようですが、昔の電報は全部カタカナだけで書かれていたのです。

今の電報はもっぱら慶弔《けいちょう》用になっていて、事前に電話で依頼しておくと、祝儀《しゅうぎ》不祝儀《ぶしゅうぎ》それぞれの用途に応じたデザインの紙に、漢字と仮名をまじえた文章がきれいに印刷され、指定した日時に届けられるようになっています。つまり今では電報がお祝いやお悔やみなどに使われるちょっと気の利いたメッセージを届ける手段となっているわけですが、かつての電報はそんなものでなく、今のように電話がどこの家にもあるようになる前は、なによりも重要な緊急通信手段でした。原稿用紙のようなマス目の入った紙に、電文がカタカナで走り書きされ、それがオートバイで届けられると、いったい何が起こったのだと緊張が走ったものでした。

かくいう私とて戦後生まれですから、自分で電報を打ったり、あるいは受け取ったりした経験はほとんどありません。それでも小学校の頃には、遠くの親戚で不幸があったことを知らせる電報が夜遅く家に届き、大騒ぎになったことをはっきりと覚えています。大学生はもちろんのこと、高校生のほとんどが、どうかすれば小中学生まで携帯電話をもつのが当たり前になった今の日本から見れば、まったくうそのような話です。

手のひらにおさまるほど小さな携帯電話でも六〇〇〇種類以上の漢字が使える（メーカーによって差はありますが）のに、昔の電報ではカタカナしか使えなかったのは、いったいなぜなのでしょうか。それは当時の未熟な通信技術では無線で送れる文字の種類がそれほど多くなかったからです。もし日本語をカタカナだけで書くならば、算用数字や句読点などの記号まで含めても六〇種類前後の文字と記号があれば十分です。しかし同じ文章を漢字も使って書けば、最低でも一〇〇〇種類くらいは文字が必要になります。それで電報では「漢字仮名まじり文」の文章が送信できなかったというわけです。

そんなことはいわば常識ですが、それでは電報の文章はいったいなぜひらがなでなく、カタカナで書かれたのでしょうか？

今の日本人には、カタカナで書くよりもひらがなで書いた方がずっと読みやすいと思われるにちがいありません。しかしそれは戦後生まれの人の感覚であり、日本では明治時代に義務教育がはじまってからずっと、子供にはまずカタカナを教え、それからひらがなを教えるという方式がとられてきました。戦前の教科書を復刻したものが市販されていますが、それを見ると、小学校一年生の最初に習う「読本《とくほん》」の出だしは、「ハナ　ハト　マメ　マス」とか「サイタ　サイタ　サクラ　ガ　サイタ」というように、すべてカタカナで書かれています。もうずいぶん前に亡くなりましたが、明治生まれの私の祖父母も、晩年までずっとカタカナで手紙やメモを書いていました。

そんな小学生や個人のレベルだけでなく、戦前では国家にとってもっとも重要な文書でも、やはりカタカナが中心でした。明治二十二年に制定された「大日本帝国憲法」の最初は、

第一條　大日本帝國ハ萬世一系ノ天皇之ヲ統治ス

と書かれていますし、今も時々話題になる「教育勅語《きょういくちょくご》」は明治二十三年一〇月に制定されたものですが、それは

朕惟《おも》フニ我カ皇祖皇宗國ヲ肇《はじ》ムルコト宏遠ニ徳ヲ樹《た》ツルコト深厚ナリ

という文章ではじまっています。どちらもいわば「漢字カタカナまじり文」で、これが戦前の公文書の書き方でした。

それで電報にもひらがなでなく、カタカナが使われたというわけです。しかし漢字をまったく使わず、カタカナばかりで書かれた日本語は、本当に読みにくいものでした。一昔前の人なら誰でも知っていた有名な冗談に、「キシャノキシャ　キシャデキシャス」という電文があります。これを現在の漢字仮名まじり文で書けば「貴社の記者　汽車で帰社す」となります。漢字を使って書けば同音異義語の混乱が解消されて、はるかに理解しやすい文章になることがわかります。

カタカナだけで書かれた文章は単に読みにくいだけでなく、さらに複数の解釈が可能になって、本来の意味とはちがって誤読される危険もありました。

たとえば「フタエニマゲテクビニカケルジュズ」という文章は、「二重に曲げて首にかける数珠」とも、「二重《ふたえ》にまげ手首にかける数珠《じゅず》」とも読めますし、「キョウハイシャヘイッタ」は「今日は医者へ行った」とも、「今日歯医者へ行った」とも読めます。

こう考えてくれれば、現在の「漢字仮名まじり文」という書き方が、日本語にもっとも適した方法であることがよくわかるでしょう。でも私たちにはその書き方があまりにも当たり前すぎて、その方法についてじっくりと考えることがありません。だからその優秀さや便利さにあまり気づかないのです。

全国民が同じように書くという事実

しかし外国人が日本語を学ぶ時には、その書き方を覚え、それに習熟しなければなりません。これはなかなか大変なことで、私たちが考えるほどに楽なことではないようです。

しばらく前のことですが、私が勤める大学にいたヨーロッパからの留学生が、外国人から見れば日本人は驚嘆すべき才能を持っている、と心から感心したようにいってました。なぜかと聞くと、たとえば「動物園にライオンがいる」という文章を、ほとんどの日本人はほぼ１００％の割合で同じように書く、というのです。

「動物園にライオンがいる」は簡単な文章ですから、小学生でも三年か四年くらいの子供なら簡単に書けますし、「お受験」にいそしんでいる子供なら、もっと小さくても書けるかも知れません。しかしその留学生は、この文章は小学生以上の日本人ならだれでも「動物園」を漢字で、「ライオン」をカタカナで、そしてそれ以外の文字をすべてひらがなで書くにちがいない、日本の人口を仮に一億二〇〇〇万人とすれば、この文章が書ける人はおそらく一億人はいるでしょうが、その一億人もの日本人が、だれひとりほぼ例外なく、漢字とひらがなとカタカナという三種類の異なった文字を同じように使いわけて書く。いったいなぜそんなことが可能なのか、そんなことヨーロッパでは絶対に考えられず、外国人の理解を越えている、というのです。

聞いていて、なるほどと思いました。耳慣れない外来語を含んだ文章などは別として、ごく一般的な文章なら、私たちは漢字とひらがなとカタカナを使いわけることにそんなに苦労しません。「新しいグローブを買う」だって、「キャンプ場が混雑している」だって、三種類の文字を誰しも同じように使いわけます。そしてそのことが特別にすばらしいことだとも思わないのですが、しかし外国人の目から見れば、実は私たちはすごいことを平気でなしとげているのです。

「動物園にライオンがいる」と文字を使いわけて書くことは、小学校の国語の授業で習いますが、しかし学校で教わることをみんなが完全に正しく覚えてくれれば、教師にとってそんなにありがたいことはありません。台形の面積を求める公式だって小学校の算数の授業で習いますが、しかし大人になってからそれをすっかり忘れてしまった人はいっぱいいるはずです。ところが「動物園にライオンがいる」という文章では、全国民だれ一人としてほとんど例外なく自然に、漢字と仮名をまじえた書き方をします。それはおそらく、それがもっとも理解しやすい日本語の書き方であるからにちがいありません。つまり「漢字仮名まじり文」という方式が日本語にもっとも適した表記方法だというわけです。

漢字廃止論または制限論

日本語を書く時に漢字を使うことについて、今はだれも疑問を持ちませんが、昭和三十年代から四十年代にかけては、「漢字制限論」や「漢字廃止論」がさかんに論じられていました。当時の論調では、漢字はアルファベットにくらべると「前近代的で遅れた文字体系」だから、そんな漢字なんかこの際あっさり捨てさって、あるいは博物館の倉庫に放りこんでおいて、ローマ字か仮名だけで日本語を書くべきだ、という主張を、高名な学者や評論家が堂々と雑誌や新聞で展開していました。

今聞くと実に不思議な、あるいは奇抜な意見のように思えますが、しかし当時はむしろそれが時代の最先端をいく「かっこいい」議論という感じすらありました。そしてその主張を実践するために、漢字をまったく使わずカタカナやローマ字だけで印刷された雑誌が、早くから出版されていました。ちなみにその雑誌は今もまだ刊行され続けていますが、失礼ながら細々と、という状況で、一般にはほとんど知られていないようです。

カタカナやローマ字だけで日本語を書いていた雑誌の他にも、英文タイプライターからヒントを得て、日本語をカタカナだけで書けるように工夫した「カナタイプライター」が開発されました。これは英文タイプライター（これも今はほとんど見かけなくなりましたが）でローマ字が配置されているところに、カタカナかひらがなを配置したキーをとりつけた機械で、あとは英文タイプと同じように使って文字を打ちこみ、文書を印刷する機械でした。

私もちょうど卒業論文を書いていた頃に、街の文房具屋でそんな「カナモジ・タイプライター」が売られているのを見たことがあります。論文執筆のために大量の資料をカードにとって整理していた時期でしたから、資料カードを作る時に使えば便利かも知れないなと思いました。そんなに高い金額のものでもありませんでしたから、買おうと思ったこともあります。しかし、開発者や販売会社には申し訳ない言い方ですが、やはり漢字が使えないことは致命的な欠点でした。そして、日本語を書くのにはやはり漢字が必要だ、と思ったのは決して私ひとりではなかったようです。その証拠に、カタカナやローマ字だけで書かれた雑誌やカタカナ・タイプライターは、実践者の誠実な努力もむなしく、実際には社会にほとんど普及しませんでした。

なんといっても、大多数の日本人にとっては、漢字仮名まじり文の方が圧倒的に便利であり、漢字が使えない環境など想像すらできなかった、ということにほかなりません。カタカナと数字しか使えなかった「ポケベル」（ポケットベル）というメッセージツールが数年前に一部の高校生たちの間で流行しましたが、しかし大人たちはほとんど見向きもしませんでした。漢字が使えないメッセージツールなど、しょせんはオモチャにすぎないと、私も思ったものです。ところがそれからしばらくして、携帯電話で「漢字仮名まじり文」のメールが送れるようになると、携帯電話があっという間に、それもものすごい勢いで社会全体に普及しました。ポケベルはまったく普及しなかったのに、携帯電話のメールがあっという間に大流行したのも、漢字が使えるかどうかという点に理由があったのでしょう。時代はまさにコンピュータ時代です。漢字仮名まじり文が簡単に書けるパソコンがますます低価格・高機能化しつつある状況が続く限り、これからもこの方式が変わることはまずありえないと思います。このことについては、本書の最後でまた詳しく考えることとします。

「漢字」の「漢」とは？

ここまで述べてきたように、日本語を書くのには漢字が欠かせませんが、しかし漢字は非常に早い時代に中国で生まれた文字で、日本はそれを中国から受け入れたものです。漢字はもともと中国の言語を記録するための文字でした。それが日本語を書くための文字としても使えるようになったのは、いったいなぜなのでしょうか？　それを理解するためには、あらかじめいくつかの点について説明しておかなければなりません。

中国から漢字が入ってくるまで、日本には固有の文字がありませんでした。漢字伝来前の日本に「神代文字《じんだいもじ》」というものがあった、という説を唱える人が世間には時々いますが、「神代文字」は江戸時代の国学者の一派がハングルをモデルに偽作したものであることが、すでに学問的に証明されています。今でこそ私たちはハングルを見慣れていますが、その頃の朝鮮半島ではハングルは「女子供の文字」という位置づけにすぎず、正規の文書には使われませんでした。だから江戸時代の日本人はほとんどハングルを見たことがなく、ハングルをモデルに「文字」をでっちあげても、誰もそれに気づかなかったのです。

漢字はもともと中国の言語を書くための文字であったことは、常識といってよいでしょうが、しかしそれでは、あの文字を「漢字」と呼ぶのはいったいなぜなのでしょうか？
「漢」という字を見ると、中国の古代王朝を思い出す方も多いことでしょう。空前の領土を占めた大帝国を建て、強大な権力をほこった始皇帝の秦が滅んだあと、小説などでおなじみの項羽《こうう》と劉邦《りゅうほう》の戦いがあり、やがて劉邦が勝利をおさめて建てた国が漢です。漢は紀元前二〇六年前後から始まり、キリスト紀元を過ぎて西暦八年にいったん滅びます。その後の一五年ほどは王莽《おうもう》という人物が漢王室を横取りして建てた「新」という短い時代がありますが、その「新」が滅ぼされて漢王朝が復興します。これが後漢で、後漢は西暦二二〇年まで続きます。

漢は短い中断をはさんで、前後約四〇〇年にわたって続きました。中国で長く続いた王朝といえば、この漢のほかに玄宗《げんそう》皇帝や李白《りはく》・杜甫《とほ》でおなじみの唐、それに明《みん》と清《しん》があり、それぞれ数百年の長さをほこっていますが、四〇〇年以上も続いたのは、数ある長命王朝の中でも漢だけでした。つまり古代国家における代表的な王朝が「漢」でした。

だからといっても、その漢の時代に作られた文字だから「漢」字と呼ばれる、というわけでは決してありません。

現在私たちが見ることができる最古の漢字は、のちほど取り上げる「甲骨《こうこつ》文字《もじ》」ですが、それはだいたい紀元前一三〇〇年前後から約三〇〇年ほどにわたって使われていた文字です。ですから漢になるよりもはるか前から、だいたいその一〇〇〇年くらい前から、漢字は使われていたわけです。

◎「漢」は民族の名前

それでは漢字の「漢」とはいったいなんでしょう? それは実は民族の名前なのです。

私は大学で外国語科目としての中国語の授業も担当しており、新しい学年がはじまると、最初の講義でいつも「中国語とは何か?」と学生諸君にたずねます。学生諸君からはほとんどの場合、「中国で話されている言語です」という答えが返ってきます。おそらくほとんどの方がそれと同じ答えをされると思いますが、しかしそれは残念ながら正解ではありません。

「中国語」という呼び名は、学問的には実は非常にあいまいなものなのです。もし「日本語とは何か?」と聞かれた時に「日本で話されている言語です」と答えても、それはおそらくそんなに大きなまちがいではありません。しかし中国の場合はそんなに簡単ではないのです。

というのは、中国は合計五六種の民族から構成される多民族国家だからです。自分の国は単一民族国家だとなんとなく思いこんでいる日本人には、民族という概念がなかなか理解できないのですが、簡単にいえば、電車で隣に座った人が自分と目や髪の色がちがっていたり、話す言語が同じでない、ということが日常的に生じるのが多民族国家であると思えばいいでしょう。ヨーロッパを汽車で旅行していると、目や髪の色がぜんぜんちがう人が同じ客室（コンパートメント）に座っているのを見かけることがよくあります。アメリカなんかもっと極端な状況でしょう。そして中国でも、そんなヨーロッパやアメリカと同じ状況が、一つの国の中で起きると思えばいいわけです。

中国は広大な国で、いくつかの国々と国境を接しています。たとえば北朝鮮（朝鮮民主主義人民共和国）と国境を接する地域での中国側に暮らしている人々は、国籍としてはもちろん中国人ですが、しかし民族としては大多数が朝鮮族であり、朝鮮族の人ならふだんは朝鮮語を話し、文字はハングルを使っています。またモンゴル国と接する内モンゴル自治区に暮らす人々も、同様に国籍としては中国人ですが、モンゴル族なら日常的にモンゴル語を話し、モンゴル文字を使います。西北のシルクロード地域や西南の雲南《うんなん》省などでは事情はさらに複雑で、さまざまな民族の人がそれぞれ自分たちの言語を話しています。つまり中国国内で話されている言語は決して一種類ではないわけです。

日本で一般に「中国語」と呼ばれている言語は、その中でもっとも多くの人によって話されている言語で、それを正しくは「漢語」と呼びます。

話はすこしややこしくなりますが、日本語の文脈で「漢語」といえば、小中学校の国語の授業で習う「漢語」、つまり日本語に最初からあった「やまとことば」に対して、中国から導入された単語という意味になります。英語の「now」という単語にあたる日本語は、やまとことばの「いま」と、漢語の「現在」があります。やまとことばの「まつりごと」を漢語でいうと「政治」になります。

しかしここでいう「漢語」はその意味ではなく、「漢民族が話す言語」という意味です。言語の名称として、漢民族が話す言語が「漢語」であり、それを日本では一般に「中国語」と呼んでいるわけです。

多民族国家である中国に暮らす人々のうち、実は九〇%以上が漢民族です。つまり圧倒的多数を占めているわけで、現在の中国の人口を仮に一三億人とすれば、その九〇%は一〇億人を軽く越えます。その膨大な数の漢民族の人々が話す言語が「漢語」で、そしてそ

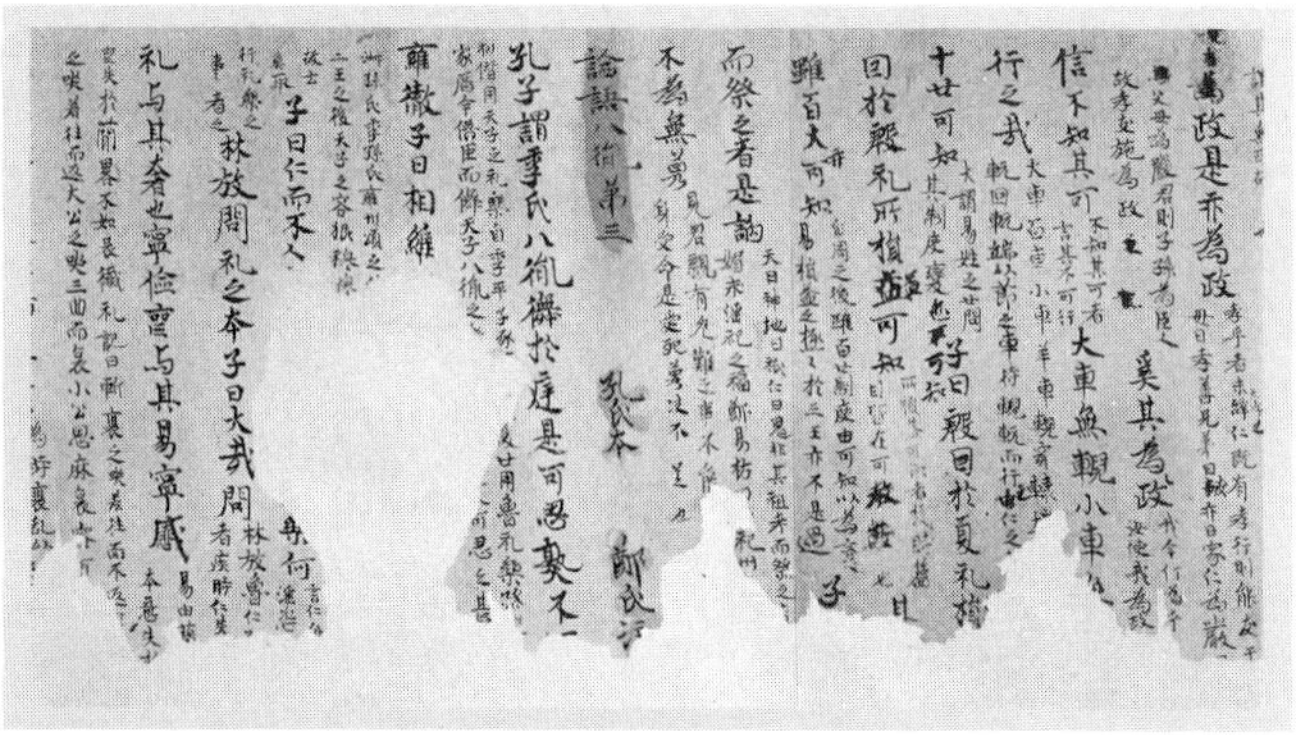

唐代の少年が書いた『論語』（卜天寿写本）

の「漢語」を表記するための文字が「漢字」なのです。要するに「漢字」とは、漢民族の言語である「漢語」を書くための文字、というわけです。

漢字はなぜ日本語を書き表せるのか

「漢字」ということばのルーツは以上の通りとして、ではその中国の「漢語」を表記するための文字が、なぜ日本人が日本語を書く時にも使えるのでしょうか？それも中国から受け入れた『論語《ろんご》』などの「漢《かん》籍《せき》」を書き写したり、「漢詩」や「漢文」を書くためだけではなく、「漢語」とまったく異なる言語である日本語を書き表すためにも、なぜ日本人はその文字を自由に使いこなすことができるのでしょうか？それは究極のところ、漢字が「表意文字」であることに理由があります。

文字には大きくわけて「表意文字《ひょういもじ》」と「表音文字《ひょうおんもじ》」の二種類があります。具体的に例をあげれば、たとえば「公園・公衆・公共・公立・公害」という、漢字で書かれる五つの単語にはいずれも第一字目に「公」があります。この「公」はそれだけで「みんなのための」という意味をもっています。そしてこの五語に使われている「公」は、いずれも単語の中で「おおやけの・みんなのための」という意味を表しています。「公園」とは「みんなのための庭園」ですし、「公害」は「みんなにとっての害悪」です。

いっぽうローマ字を使う英語で、同じように「bat・ball・bag・bench・book」という五つの単語を考えてみましょう。こちらにも各語の最初に「B（b）」があります。しかしさきほどの漢字の例では「公」から共通の意味を抜きだせたのに対して、「B」からは共通する意味を取り出せません。英単語に使われているBは、単に口から発せられる音声、この場合は子音の発音を表しているだけです。これが表意文字と表音文字のちがいで、それぞれの文字が固有の意味をもっている文字を表意文字、意味はもたず単に音声しか表さない文字を表音文字といいます。

表音文字で書かれた単語や文章は、各文字のつながりを音声に復元し、その音声を言語の中に当てはめて考えなければ意味がわかりません。だから「park」を「パーク」と読めたとしても、英語を知らなければ「パーク」がどういう意味なのかわかりません。フランス語を知らない人は、「merci」と書かれた文字のつながりを「メルシー」と読めたとしても、その音声がフランス語の中でどういう意味を表しているかを知っていなければ、「merci」が「ありがとう」という意味だとはわかりません。

しかし表意文字なら、文字と表裏一体の関係にある音声と切り離しても、もっとわかりやすくいえば、その文字の発音を知らなくても、文字だけで本来の意味を伝えることがある程度は可能です。たとえば中国語を知らない人は、「謝謝」という中国語を、中国語の発音で読めません。しかし「謝」という漢字の意味を知っている人ならば、「謝謝」が「ありがとう」という意味であることがおそらくわかるでしょう。

「山」という漢字を日本語で「サン」と読むことは、小学生でも知っています。しかしこの漢字が中国ではどのように発音されているかは、中国語を勉強した経験がない人にはわかりません。でもそんなことはおかまいなしに、大多数の日本人はこの字の意味をちゃんと知っていて、小学生の時からこの字を「やま」という意味で正しく使ってきました。

それが表意文字としての漢字がもっている最大の特徴です。漢字では、それぞれの文字が本来もっている意味と、漢語以外の言語での単語との対応関係が、右の例でいえば「山」という漢字が日本語の「やま」という単語を意味することが、たやすく理解できる仕組みになっています。こうして「山」の日本語での読み方が「やま」と定められました。これが「訓読《くんよ》み」です。

ちょっと奇妙に思えるかも知れませんが、日本人が「山」を「やま」と読むように、アメリカ人が「山」という漢字を「mountain」と、「海」を「sea」と訓読みしたって、実は少しも不思議ではないのです。

アルファベットだけで書かれる英語を使っているアメリカ人に漢字などわかるはずがない、と私たちは思いこんでいますから、もしアメリカ人が、I like to climb a 山. などと書いたら私たちはきっとびっくりします。それは英語の正規の書き方の中に漢字を使うルールがないからです。でもそう書いたって一向にかまわないじゃないか、と私は思います。実際に私はイタリアのナポリにある中国人経営の中華料理店で、イタリア語と漢字がまじったメニューを見たことがあります。ヨーロッパやアメリカに暮らす中国系の人なら、そういう書き方をしてもまったく不思議ではありません。

「万葉仮名」という方法

話をもどしましょう。それぞれの漢字がもっている意味を、自分の言語で相当する意味に置き換えるのが「訓読《くんどく》」という方法でした。漢字は表意文字ですから、どの言語にあてはめても、訓読が自由自在にできます。そしてそれとは別に、中国語でのその字の発音をそのまま自国の言語に導入して、漢字の読み方を決めることもできました。これが「音読み」になるわけです。日本語で使う漢字の音読みは、もともと遣隋使や遣唐使、あるいは中国へ勉強にいっていた留学僧たちが、当時の中国語の発音を日本人に教えた結果として定着した読み方で、だからそれは当時の中国語の日本方言と呼んでもいいものだったのです。

この音読みという方法を拡張して、それぞれの漢字に備わっている意味を使わず、発音だけを利用して、自分たちの言語を書き表すことも自由にできました。すなわち表意文字である漢字を表音文字的に使うやり方で、日本ではそれを「万葉仮名《まんようがな》」と呼んでいます。万葉仮名は、日本語の発音を表すために漢字の発音だけを使う、いわば漢字を表音文字として使う方法です。そのような使い方が『万葉集』の中にたくさん出てくるので「万葉

独孤思貞墓誌（拓本）

仮名」と呼ばれていますが、実際には『万葉集』だけに限らず、古いものでは西暦六世紀ころの「金石文」、具体的には推古《すいこ》天皇の時代に作られた仏像に記録された銘文や、あるいはお墓の中に埋めた墓《ぼ》誌銘《しめい》などで固有名詞を書く時に使われている例があります。

　たとえば飛鳥時代に「蘇我《そが》氏」という氏族がありましたが、あの「蘇我」には他に「曾我」や「宗我」、あるいは「宗何」という書き方がありました。いずれの書き方でも漢字の発音だけが利用されているわけで、「蘇」や「宗」という漢字がもっている意味はそこではいっさい関係ありません。「止利仏師《とりぶっし》」という有名な飛鳥時代の人がよく日本史の教科書に登場しますが、あの「止利」もまさにその例です。「止利仏師」を、もし漢字の意味にこだわって「利益を止める」仏師などと解釈すれば、とんでもないまちがいとなってしまいます。

日本固有の地名や人名は、実はこの方法でしか書けませんでした。人や土地の名前はもちろん漢字が伝わってくる前からありましたが、それを文字で書き表すには、漢字を表音文字として使うしか方法がありません。実際、万葉仮名は最初のあいだ人名や地名を表すのに多く使われました。今の日本にも、特に女性の名前にその使い方がよく見られます。たとえば「沙也香《さやか》」さんや「由香里《ゆかり》」さん、「佐緒里《さおり》」さんなどの名前では、漢字の意味がまったく使われていません。これらはいずれも万葉仮名式の使い方が現代に残っている例といえるでしょう。

現代に生きる万葉仮名

かつて私の講義に出ていた学生の一人に、「未香《みか》」さんという女性がいました。この二つの漢字の並びを、いわゆる漢文訓読式によめば「いまだ香らず」、つまり「まだ好い匂いがしない」という意味になります。そのことを本人にいうとむくれていましたが、しかし人名の場合、それは「ミカ」という名乗りの漢字表記にすぎず、訓読することにはなんの意義もありません。他にも商店や商品の名前に同じようなものがあります。余談ですが、学生時代によく通ったスナックに、「安美沙須《アンビシャス》」という名前の店がありました。その漢字で「ambitious」(大志をいだく)に引っかけているわけです。学生でも気軽にいける安い店でしたが、雰囲気がいささか暗くて、あまりアンビシャスはもてませんでした。

このように漢字を表音文字的に使い、意味を切り棄てて発音だけを利用したのは、決して日本だけではありません。むしろその使い方自体も中国から伝わってきたと考えてもいいでしょう。というのは、中国でも外国の地名や人名を書く時にはまったく同じ方法を使うからです。

日本にはカタカナという表音文字があるので、外国の地名や人名を「パリ」とか「ロンドン」、あるいは「ブッシュ」とか「ダイアナ」と書けます。しかし中国には漢字しかないので、それらをすべて漢字で書かねばなりません。それで日本でもおなじみの「巴里《パリ》」とか「倫敦《ロンドン》」という書き方がおこなわれるわけです。アメリカ大統領のブッシュ（Bush）さんは中国では「布什」と書かれますし、不幸な事故で他界されたもとイギリス皇太子妃は中国語では「黛安娜」と書かれました。ブッシュ大統領の漢字名に使われる「什」は、「什器」すなわち日常生活の用具という意味に使われる漢字ですし、ダイアナさんの「黛」は「眉ずみ」ですから、その二人の名前は、中国語を知らない人には布で作られた家具とか化粧品の一種のように思われるかも知れません。

このように漢字で外国の地名や人名などを書くのは、最近はじまったことではありません。中国ではじめて外国の言語を表音的に写しとる必要に迫られたのは、仏教の経典、つまりお経を訳す時でした。

日本人の僧侶たちが読経しているお経は、インドから伝わった原典を中国語の書き言葉に翻訳し、漢文で書いたものです。だからお経は原則的には漢文訓読で読めるわけで、たとえば「如是我聞《にょぜがもん》」は「かくのごとく我れ聞けり」と訓読でき、「色即是空《しきそくぜくう》」は「色はすなわちこれ空なり」と訓読できます。しかしオリジナルの仏典の中には、サンスクリット語など古代インドの言語による固有名詞や重要な概念がいっぱい出てきます。それを訳す時には、漢字を表音文字として使わざるをえませんでした。たとえば「釋迦《しゃか》」「阿弥陀《あみだ》」「菩薩《ぼさつ》」「如来《にょらい》」などがそうで、それらの単語ではそれぞれの漢字の意味がまったく機能していません。

東アジア漢字文化圏

このあたりで話を少し整理しましょう。

最初は「漢語」という中国の言語を書くための文字として成立した漢字が、日本語を書く時にも使えるのは、漢字が表意文字であったことが大きな理由でした。ということは、日本以外の国であっても、漢字を使って自分たちの言語を書き表すことができるはずです。そしてまさにその通り、日本の他にも朝鮮半島に建てられた国々、それにかつてのベトナムなどが、いずれも漢語とはまったく異なる言語を使っていたにもかかわらず、音読みと訓読み、それに「万葉仮名」的な方法を組みあわせて、漢字を自国の言語に適用できるようにしてきました。

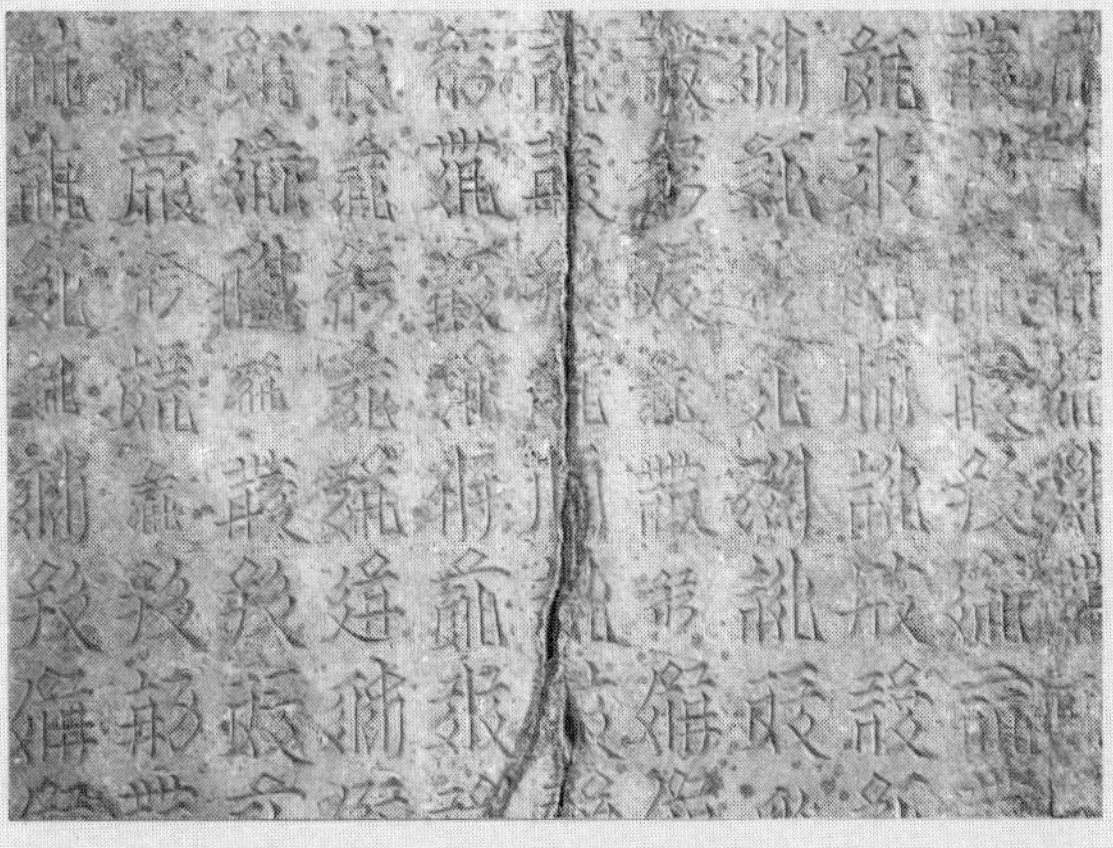

居庸関の内壁に刻まれた西夏文字（著者撮影）

表意文字としての漢字がもつこの特性によって、漢字は漢語が話される中国国内だけでなく、儒学を中心とした文化が周辺に伝わってゆくとともに、東アジア地域一帯に広く普及しました。その過程を通じて、漢字は古代の東アジアにおける国際的な共通文字としての役割を兼ね備えていくこととなったわけです。こうして東アジアには、漢字と古代中国の標準的な文体――それを日本では「漢文」と呼んでいます――を通じて交流できる集団が形成されることになりました。それを「漢字文化圏」といいます。

　この文化共同体の中心にはもちろん中国があり、さらに中国と外交や貿易の関係をもっていた周辺の国々が漢字文化圏を構成していました。具体的には、東はかつて朝鮮半島に建てられた諸王朝と日本、西は「シルクロード」上に位置したいくつかの国、それに南のベトナムなどが含まれています。なお中国の北にあった国々や、西にあって高度な文化を展開したチベットなどでも、一時は中国文化を積極的に受け入れ、漢字を自由自在に使いこなす人々がそこにたくさん暮らしていたこともあります。しかしそれらの地域は最終的には漢字を放棄して、独自の民族文字を作りました。

その有名な例が、井上靖さんの小説『敦煌《とんこう》』に出てくる「西夏文字《せいかもじ》」です。西夏はその独特の文字で自分たちの言語を表記しただけでなく、たくさんの書物や仏典などもそれで印刷しました。西夏文字が刻まれた木版印刷用の版木《はんぎ》が今もたくさん残っています。

バチカンとの比較

このように同じ文字を使うということを絆とし、言語の差を超越した国際的な文化圏は、中国を中心とした東洋社会だけに存在したわけではありません。というのは、古代ローマ帝国以来現在にまで綿々と続く、ローマ教皇を中心としたカトリックの社会が、今もラテン語によって緊密に結びついているからです。ラテン語は古代ローマ帝国で話されていた言語で、すでに滅んだ言語ですが、しかしそれが今でも特定の宗教社会の中では生きた言語として使われているわけです。

カトリックの総本山であるバチカン教皇庁には、地上におけるイエスの代理者とされ、全教会に対する絶対的な統治権をもつローマ教皇を頂点に、さまざまな職務についている聖職者がたくさんいます。しかし彼らは必ずしもみんながイタリア出身であるとは限らず、いろんな国からやってきた人々で構成されています。ローマ教皇はその中の八〇歳未満の枢機卿《すうききょう》（カトリック教会最高位聖職者）による選挙で選ばれることになっていますので、どこの国の人が選ばれるかはまったくわかりません。現実にはイタリア人が選出されることがこれまで多かったものの、一九七八年に教皇に選出され、他界されるまで世界平和のために熱心な活動をされた「ヨハネ・パウロ二世」と名乗ったカロル・ヨゼフ・ヴォイティワ（Karol Jozef Wojtyla）氏は、ポーランド出身の方でした。

バチカンという国家は地理的にはローマ市内にあるのですが、しかしそこは本来的に多言語の世界です。そこでもし各人が自分の言語で話すと、いろいろと不都合が起こります。それでカトリックの世界では共通の言語が必要となり、したがって今もラテン語が使われています。

こう考えれば、漢字とラテン語が東西の代表的な文化圏での重要な絆となっていることがわかります。もっとも一つは文字、一つは言語ですから、厳密には対等に比較はできませんが、それでも二つは外面的にはよく似た事象です。

しかし文化共同体が存在した歴史的な時間の長さや地域的な広がりから考えれば、漢字文化圏はキリスト教世界でのラテン語文化圏の比ではありません。それに現代のヨーロッパではラテン語を日常的に使う人はすでにいませんが、東アジア地域では漢字を日常的に使用し、それで文章を書く人が今も大量に存在していることも、両者のちがいの一つです。

「漢委奴国王」の金印

そんな漢字文化圏がいったいいつ頃にできあがったのかはなかなか難しい問題ですが、ごく大まかにいえば、中国が国内の統治制度を確立し、さらに周辺にある日本や朝鮮半島の国々などに関心をいだいて、外交関係を樹立しはじめたのは、だいたい前漢（前二〇六―西暦八年）の時代からと考えられ、漢字文化圏もそのころに萌芽といえるものが形成されたようです。

そのころの日本はまだ弥生《やよい》時代でしたが、列島の西の方に暮らしていた人たちは、漁などで海に出た時などに大陸からの人と接触することもあったでしょう。そんな機会が重なるにつれて日本からもしだいに中国に対する関心が起こってきて、やがて使者が中国に派遣されるようになりました。そのもっとも古い例は、高校の日本史の教科書に必ず写真が出ている、あの有名な「漢委奴国王《かんのわのなのこくおう》」の金印にまつわる話でしょう。

『後漢書《ごかんじょ》』「東夷伝《とういでん》」という文献によれば、「倭の奴国《なこく》」からの使者が、建武中元《けんむちゅうげん》二年（五

志賀島発見「漢委奴国王」金印
（福岡市博物館所蔵・国宝）

七）に後漢の初代皇帝である光武帝《こうぶてい》のところに行ったようです。光武帝ははるばる使者を派遣してきた奴国の王に対して、純金で作った印章をあたえました。それが江戸時代の天明四年（一七八四）に、福岡市の博多湾に浮かぶ志賀島《しかのしま》から発見されたあの金印です。

二〇〇〇年近くも前の、交通も今よりはるかに不便だった時代に、はるばると海を渡って出かけていったご褒美が、いかに純金製ではあってもハンコなんかではつまらない、と現代人は考えるかも知れません。しかしハンコをもらった奴国の王は、きっととても喜んだにちがいありません。というのは、ハンコつまり印章は、古代ではその人の身分を示すものだったからで、ハンコをもらうことによって奴国の王は後漢の皇帝から身分を公式に認められたということになるからです。

古代中国の官吏は必ず自分の官職名を刻んだ印章（これを「官印」といいます）を身につけて出仕することとなっていました。印には必ず綬《じゅ》という、印に結びつけるヒモがワンセットになっていました。綬は官位のランクごとに色が決められていて、衣服に取りつけた綬の色によって、向こうからやってくる人のランクが遠くからでもわかるようになっていたのです。

この時に奴国の王がもらった金印には「紫綬」がついていたと文献には書かれています

が、しかし綬は絹で作られたものですから、いつの間にか地中で腐ってしまったのでしょう。金印と一緒には発見されませんでした。ちなみに今の日本で「紫綬褒章《しじゅほうしょう》」とか「黄綬褒章《おうじゅほうしょう》」というように、勲章のランクを綬の色のちがいで表すのはその名残りです。

光武帝が奴国の王に「印綬」をあたえたのは、ほかでもなく、その王に中国の官位を与えたということです。金印には「漢委奴国王」という五文字が刻まれており、「委」にニンベンをつけると「倭」になります。この五文字は「漢の属国である倭の奴国の王」という意味ですから、この印章は、奴国の王がその土地の支配者であることを中国の皇帝が公式に認め、また後漢の属国の一つとして承認したことを示す「お墨つき」でした。後漢はこうして倭の奴国を支配下に取りこんだわけで、奴国サイドから見れば、後漢という強大な王朝の庇護《ひご》のもとに入ったことになるわけです。

奴国の王は漢字を刻んだハンコをもらって、大喜びしたにちがいありません。しかしだからといって、奴国の王やその周辺の人々が漢字を読めた、とは限りません。

◎「日本最古の文字」？について――

近年の熱狂的な考古学ブームのせいでもないのでしょうが、最近では日本各地の遺跡から「日本最古の漢字」といわれるものが続々と発見されています。

たとえば平成十年二月八日付の朝日新聞によると、福岡県前原《まえばる》市の三雲遺跡群から出土した三世紀半ばの甕《かめ》には、「竟」（「鏡」の金ヘンを省いた文字）と読める線刻があったといいます。その記事によれば、この文字は同県の平原遺跡から出土した二世紀の中国製「方格規矩鏡」に見える文字や、五世紀後半と推定される京都市幡枝一号墳出土鏡などに見える「竟」字によく似ており、鏡の銘文にあった「竟」を視覚的にとらえて、不確かな記憶のままその字を土器に刻んだのではないか、と書かれています（平川南・歴史民俗学博物館教授の説）。

さらにはそれよりも早い、「二世紀前半の漢字」と言われるものまで現れました。二世紀前半といえば、中国では後漢の時代、日本では卑弥呼《ひみこ》が登場する前の時代です。これは三重県安濃町の大城遺跡出土の、長い柄のある台（高坏《たかつき》）の脚と推定される破片に刻まれたもので、「奉」という字を草書体で刻んだものかと記事は語っています（平成十年一月一一日付け各紙による。なお釈読については、他に「幸」「年」「与」という漢字にあてる説があります）。

このように近年に続々と新発見があったのですが、これらの発見より前には、鹿児島県種子島にある広田遺跡から発見された「山」という字が、日本最古の漢字であるとされていました。

広田遺跡出土の「山」字（黎明館所蔵）

広田遺跡とは、種子島の鉄砲伝来碑のすぐ近くにある弥生中期の遺跡で、昭和三十年（一九五五）九月に台風が種子島を襲った時に、砂丘がくずれて発見されたところです。ここはもともと大きな墓地だったらしく、遺跡から多数の人骨が発見され、それに混ざって土器などの副葬品も発見されました。そしてその墓に埋葬された副葬品の中に、イモガイという貝を加工して作った、横三・四センチ、縦二・四センチの貝札《ばいさつ》（ペンダント）が埋葬された人骨につけられており、その表面に「山」と読める文字がくっきりと陰刻されていたのです。

　これを文字であるとする立場に立つ人は、その字が後漢末期から魏にかけて流行した隷書の書風で刻まれていると考えます。そしてもしそれが種子島において記録されたものならば、当時の同地にはすでに隷書の漢字を書き読むことのできる人がいたことになるわけです。

　それではもしそれが文字であるとしたら、この「山」という字はいったい何を意味したのでしょうか。この問題を解くには、これが木簡や竹簡の上に書かれた文字ではなく、墓に埋葬された死者の首にかけられたペンダントに刻まれた文字であった、という事実を重要視しなければなりません。

「山」という字にニンベンをつけると「仙」になります。そのことから私は、この「山」はおそらく「仙」という字のつもりで書かれたものだと考えます。「仙」と書くつもりで「山」と書いたケースは、昔の中国ではそれほど珍しくはありません。そもそも古代の金石資料では、ある文字を書く時に、その字のヘンを省略して書かないことがしばしばあり、「作」を「乍」と書いたり、「紀」を「己」、「飢」を「几」、「知」を「矢」と書くケースが、鏡の文などにしばしば見受けられます。このような書き方から見れば、「仙」を書く時にニンベンを省略して、「山」と書いてもまったく不思議ではありません。

おそらくこの時代にはすでに中国から道教《どうきょう》の信仰が伝わっていたのでしょう。そして人々は埋葬された死者が仙人の世界に生まれ変わるようにという願いをこめて、「山」という形を刻んだペンダントを首にかけたのではないでしょうか。

ただここで明らかにしておかねばならないのは、広田遺跡からこのような「文字」を刻んだペンダントが発見されているという理由で、弥生時代のこの地域に漢字を読み書きできる人間がいた、と考えるのにはいささか無理があるということです。たとえこの「文字」を書いたのが日本人だったとしても、その人はこの字を宗教儀礼に使う道具に書いたのであり、口で話されることばを書いたのではありません。だからこの「山」を書いた人は、墓に埋葬するペンダントに「山」とは書けても、その辺のあちこちにあるいわゆる「やま」、英語ではmountainという単語で表される土塊の隆起のことを、「山」という漢字で表すことができたとは限らないのです。

いや、それどころか、むしろ事実は逆であって、その人は死者の首にかける装飾品であったからこそ、イモガイにこの形を刻んだのでした。こういう日常生活の中で使われる道具では、それ専用の習慣が固定します。中国からこういうものが伝わってくれば、その当時種子島にいた日本人たちは、死者の首にかけるペンダントにはこういう「かたち」を書くのだと思いこんでしまうのです。この場合、書かれた文字はマークにすぎず、道具と一体になっていて、文字だけが切り離されてはいません。だからこれを書いた人も、この字が本来もつ意味をまったく理解することなしに文字を書いている可能性が非常に強いわけです。

今の私たちには文字と見えるものでも、それが実際には文字としてまったく機能しておらず、単なるマークにすぎないことがしばしばあります。ここでその実例として、将棋の駒を取り上げてみましょう。

将棋の「歩」の裏にはひらがなの「と」が書かれていますが、あれはいったいなぜ「と」なのでしょうか。もちろんそれにはちゃんとした理由があるのですが、しかし実際に将棋をする人は、それがひらがなの「と」という文字であることなどまったく考えずに将棋を指しています。その「と」は、格助詞の「と」でもなく、「戸」や「都」や「図」を表すものでもありません。将棋の駒という場では「と」は文字としてまったく機能しておらず、単なる記号かあるいは図像といってよいものにすぎないのです。ちなみにこの「と」は「金」の草書体が変化した形と考えられていて、「歩」が相手の陣地に入ると「成り金」になることから、「歩」の裏にはもともと「金」が書かれていたのが、その草書体がいつの間にかひらがなの「と」と書かれるようになったのだそうです。

広田遺跡の「山」も、将棋の駒の「歩」の裏にある「と」とまったく同じで、それは文字ではなく、そこにはそういう形の図形を描くものだ、との認識から刻まれた図像だ、と私は考えます。道具とは本来そういうもので、だからたとえこの時代に竹簡や木簡のような書写材料があったとしても、その上に「やま」という言葉に相当する文字として「山」と書くことができたとは考えられないのです。それは要するに呪術的なサインであり、たとえるならば今の日本で、赤ん坊が生まれて一ヵ月目にお宮参りに行く時に、赤ちゃんのおでこに赤で「大」と書くのと同じことです。

福岡や三重などで近年発見された「文字」も、この広田遺跡の「貝札」と同じように、いずれもすべて漢字一字分に相当する刻文です。かりにそれが正真正銘の漢字を書いたものであるとしても、土器には単に漢字一字だけしか書かれていないので、それが漢字を使って文章を表記しているものであるかどうかはわかりません。文章を表記するためにはいくつかの文字が集まった「文字列」が絶対に必要であり、一文字だけなら記号か装飾として、漢字を模倣したマークを器物につけただけのものにすぎなかったのではないかと考

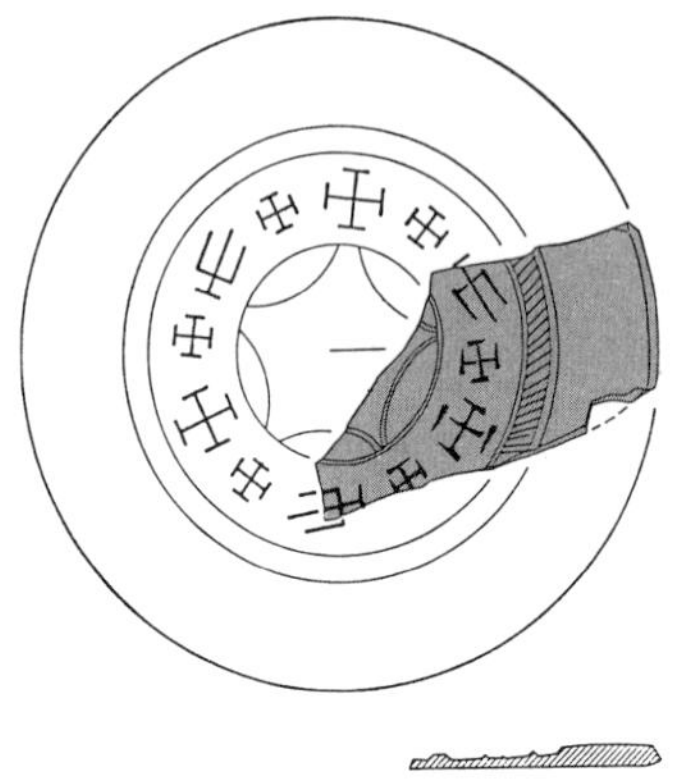

鏡に刻まれた文字
（『日本の古代』14　中央公論新社刊より）

えられます。

西日本の各所から出土するこれらの遺物に記されたものには、文字列が存在しないという理由で、私はもう少し慎重に考えるべきだと思います。もちろん弥生時代中期から後期にかけては、漢字を記した物品がたくさん中国大陸から日本に流入し、弥生人も生活の中でそれを目にする機会があったことは確実です。しかし彼らがそれを文字と認識して、それを使って文章を書いていたかとなると、はなはだ疑問だといわざるをえません。

古代では、文字は万人に必要なもの、というわけではありませんでした。文字が使われるようになるためには、社会が一定の段階まで成熟していなければなりません。今のことばでいえば、社会的なインフラがある程度まで整備されていることが必要だったのです。当時の日本では、国内統治に関してはおそらく文字など必要なかったでしょう。この金印以外にも、中国との交流を通じてさまざまな物品が中国から朝鮮半島を経由して日本に渡ってきました。その中には印章の他に鏡や貨幣など、漢字を記した物も多く含まれていました。しかし当時の日本の社会では、文字とはいったい何の用途に使うものなのか、人々はまったく理解できませんでした。

中国から持ちこまれた鏡をモデルとして日本人が模作した鏡が、日本各地の遺跡からたくさん発見されています。このような日本製コピーの鏡の中には、オリジナルの中国製鏡に鋳こまれている吉祥句（めでたい文章）を同じ場所に鋳こんでいるものがあるのですが、しかしその文章には非常におかしな所がしばしばあって、ごく簡単な漢字なのにヘンとツクリの位置が逆に書かれていたり、本来の字形が完全にくずされ、まるで文様のように書かれていたりします。

つまり当時の日本人は、文字とはいったいどのような用途に使われるものか理解できず、もとの鏡の銘文に使われていた漢字を単なる装飾としか認識できなかったようです。「文字」そのものが伝来してきても、それを「文字」として認識するまでには、しばらくの時間と社会的な成熟が必要だったのです。

日本人がはじめて書いた漢字

もう少し時間が経った卑弥呼《ひみこ》の時代でも、国内統治では漢字を必要としないという点は基本的に同じでした。その時代のことは『魏志《ぎし》』「倭人伝《わじんでん》」という有名な書物に書かれていますが、それによれば邪馬台国《やまたいこく》からの使者は朝鮮半島を経由して中国を訪れる時に、「伊都《いと》国《こく》」に設置された役所を窓口としていました。もちろん卑弥呼の国も、そこを通じて中国と往来したのでしょう。そのような役所には当然、漢字の読み書きができる人間が存在しました。でもそれはおそらく日本人ではありませんでした。

同じく『魏志』「倭人伝」の記載ですが、卑弥呼が送った使者に対する答礼として、魏は正始《せいし》元年（二四〇）に二人の官吏を邪馬台国に派遣して、卑弥呼に詔書《しょうしょ》と印綬を届けました。この時に届けられた皇帝の詔書は、もちろん正規の漢文で書かれていたはずです。そして卑弥呼は魏からの使者が自国を訪れ、詔書を賜ったことに感激して、再び「使いによって上表し、詔恩を答謝」しました。

この『魏志』の文章をそのまま受け取るならば、卑弥呼の朝廷には正規の漢文による文章が書ける人物がいたことになります。しかしこの答礼の文書を作成したのが日本人であったという証拠はどこにもありません。それでも少なくとも卑弥呼は、漢字による文章の作成を、おそらく渡来人の手を借りておこない、魏の皇帝へ答礼の上書を奉ったのです。ここに漢字をその本来の用途に即して使った日本最古の例があります。つまり当時の漢字の使用目的は、あくまでもまず第一に、中国との外交上の国際関係が中心だったのです。

中国人不在の漢字による交流――朝鮮通信使――

日本はこのあたりの時代から漢字文化圏を構成する一員になりました。そしてそれからあと、日本はずっと漢字文化圏の重要なメンバーとして存在しつづけました。

漢字文化圏とは何かを簡単にいえば、漢字を読み書きでき、一定の書式と文法をふまえた文章で、相互にコミュニケーションをはかることができた人々の集団、と定義できるでしょう。そこでは国家や王朝という政治的な枠や、口で話される言語の差異が超越されていました。そのもっともわかりやすく、かつ象徴的な例を江戸時代の「朝鮮通信使」に見ることができる、と私は考えています。

朝鮮通信使とは、朝鮮半島にあった李朝《りちょう》の国王が日本の「国王」に親書を手渡すために派遣した使節です。応永二年（一四〇四）に足利義満《よしみつ》が日本の「国王」として朝鮮と外交関係を開いたのが両国の国交のはじまりで、その後起こった秀吉の朝鮮出兵をきっかけとして制度が部分的に変更されつつも、明治維新にいたるまで両国は基本的に良好な外交関係を維持していました。

江戸時代では徳川家の将軍が代替わりするごとに、将軍就任を祝う使者が朝鮮王国から日本にやってきました。通信使一行は総勢四〇〇名ほどの大人数で、釜山《ぷさん》と江戸の間を往復しました。日本側も将軍の就任を祝うためにきてくれる使者ですから粗略な扱いはできず、道中における送迎や接待は豪奢《ごうしゃ》をきわめました。来る方も迎える方も、財政的な負担はかなり大きかったようです。

この通信使の最大の目的は朝鮮国王からの国書を徳川の新将軍に捧呈することでしたが、ところでこの国書は、いったいどんな文字で書かれていたのでしょうか。それはもちろん漢字を使って書かれた漢文でした。

李朝は完全に中国式の政治体制をとっていた国で、「科挙《かきょ》」という中国式の官吏登用試験を実施していました。文武の官僚はすべて科挙の合格者から採用されましたし、試験を実施するために、儒学を講じる学校が全国各地に建てられていました。儒学の一派である

「朱子学《しゅしがく》」が国教とされていたお国柄ですから、王から将軍にあてられた国書が漢文で書かれていたのは当然です。

いっぽう通信使一行を出迎えたのは、日本側の儒者が中心でした。鎖国時代のことですから、外からの情報が遮断されていた日本の知識人は、この使節一行との交流で新しい知識をたくさん得ることができたのですが、両者の交流は基本的には筆談でした。話し言葉では通じないけれど、筆談なら意思の疎通ができた、というわけです。通信使関係の記録は日本側にも朝鮮側にもたくさん残っていますが、それはすべて漢文で書かれています。

そしてここが重要なことなのですが、その交流の場には中国人が一人もいませんでした。このことの意義を、もっと深く考える必要があると私は思います。

漢字はもともと中国語＝漢語を書くための文字だったはずなのに、朝鮮通信使の場合は中国人抜きで、日本人と朝鮮人の間で、その文字を使ってコミュニケーションが成立しているわけです。ここにもっとも典型的な漢字文化圏の姿を見ることができるでしょう。

過去の話はそれくらいとして、次に現代における漢字文化圏の問題を考えることとしましょう。

漢字文化圏の変貌——ベトナムの場合——

はっきりいえば、今はもう漢字文化圏が存在しないと考えた方がいいでしょう。今でも東アジアには依然として漢字文化圏が存在すると考える意見もありますが、しかしそれはかつてのものとはかなり質がちがったものとなっている、と私は考えています。

かつて中国は世界の中心でした。「中国」という名前が端的に物語るように、中国の伝統的な「中華思想」では、中国は世界の真ん中にある国だと考えられていました。それは私たちにはずいぶん思いあがった考え方と思えますが、しかしある意味では、中国はたしかに「世界の中心にある国」でした。とりわけ古代においては、中国は、世界的に見ても、とびぬけて高い質の文化を誇っていました。

紙・羅針盤・火薬、それに印刷術は、いずれも中国が独自に、そして非常に早い時期に発明したものです。これを「中国の四大発明」といいますが、この四つはいずれも人類の文化の発展にとてつもなく大きな影響をあたえたものばかりです。この四つの大発明がなければ、人類の文化は今とはずいぶんちがったものになっていたでしょう。

しかし、水平線の向こうは大きく切りたった崖になっていると信じられていた時代に、命知らずの船乗りたちが世界の海に雄飛した大航海時代に入り、新しい航路と新大陸が発見され、さらには十八世紀にイギリスから産業革命がはじまると、近代的なものの考え方と革新的な科学技術を伴ったヨーロッパの新しい文明がしだいに東洋社会に流入し、それとともにそれまでの状況が大きく変わりはじめました。中国が高度な文明と強大な勢力を失いはじめ、世界の中心ではなくなってきたのです。

そんな変化の中で、最初に漢字文化圏から離脱したのはベトナムでした。ベトナムも漢字文化圏の重要な一員でした。ご存じの方も多いと思いますが、ベトナム料理を食べに行くと、「春巻」があったりなんとなく中国の料理と似ているなという感覚がするものです。それは料理だけではなく、もともとベトナムの文化は中国から受容したものが大部分でした。もちろん文字も例外ではありませんでした。

前漢のころ、今の広東省《カントン》あたりに「南越《なんえつ》」という国がありました。これは趙《ちょう》氏を王とする越族の国で、秦末の混乱に乗じて前二〇七年に趙佗《ちょうだ》が番禺《ばんぐう》（今の広州市）を首都として建てた国です。はじめは漢の属国でしたが、やがて挙兵して自立し、福建からベトナムにまで勢力をのばしました。しかしのちに前漢の攻撃を受けて漢の支配下に入り、やがて武帝がこの地域に「交趾《こうし》九郡」という郡を設置しました。この九つの郡をまとめる役所が置かれた交趾が、今のハノイ付近です。現在のベトナムの首都は、前漢では最南端の辺境を統治する中心地だったわけです。

ベトナムは日本より早くから中国と交流をもっていました。中国には非常に早い時期に人口調査をした資料があって、西暦二年におこなわれた調査では、交趾郡の人口が七四万六〇〇〇人あまりとされています。当時の日本よりはるかに進んだ地域だったようで、気候は温暖で、物産は豊富なところですから、きっと住みやすい土地だったのでしょう。さらに真珠や玳瑁《たいまい》（鼈甲《べっこう》がとれる海ガメ）、それに薬材として使われた犀角《さいかく》など、当時の中国で珍重されたものがたくさん採れましたから、多くの人がそこに移り住んだのでしょう。

前漢から後漢にかけて、その地域でも儒教を基礎とした政策がおこなわれ、また中国からの人口の移動もありました。後漢の頃には漢字や中国語の知識をもったベトナム人がたくさんいたのではないかと推測されています。

こうして唐代末期くらいまで、ベトナムは中国から大きな影響を受けていましたが、唐帝国が衰微しはじめると中国支配から脱却をはかる動きが現れ、九三八年にゴ・クエン

（呉権）が独立に成功し、九六八年にはベトナム独特の年号が定められました。年号を独自に定めるというのは、中国王朝の支配から脱し、独立するという明確な意思の表明です。

しかしそれは、やはり圧倒的に大きな影響をもつ中国文化を基礎におきながら、ベトナム人独自の文化を発展させるという、いわば二重構造をもった国造りでした。ベトナムで最初に建てられた本格的な王朝は、一〇〇九年に「大越」を名乗った李朝です。建国者は李公蘊《りこううん》で、都が昇竜《しょうりゅう》に定められました。現在のハノイで、これがベトナム最初の長期安定政権となった李朝です。

李朝は完全な中国式国家で、首都には孔子廟が置かれ、中国式教育機関である「国子監《こくしかん》」を建てたり、国の中枢に位置する官僚を「科挙」によって採用しました。このような中国式の国家運営と文化活動が、李朝にかわって建った陳朝《ちんちょう》、さらには一四二七年に創立された黎朝《れいちょう》まで引き継がれました。このような体制ですから、当時のベトナム人が文章を書く時には当然のように漢字と漢文が使われました。

李朝以降の知識人は漢字・漢文を使って詩文を創作し、科挙のために四書五経を学び、宗教面でも、漢字に訳された仏典を使って仏教を信じていました。さらに衣食住に関する日常生活や年中行事、あるいは迷信や風水など市民生活のすみずみにまで中国式の文化が入りこんでいました。かつてのベトナムは、まさに「小中国」でした。

しかしそんなベトナムでも、今はまったく漢字を使わなくなっています。今のベトナム語はフランス語式のアルファベットで書かれていて、この書き方を「クオック・グー」といいます。「クオック・グー」を漢字で書くと「国語」となるのですが、それは言語ではなく、むしろ言語を表記するための文字のシステムを意味する言葉です。

クオック・グーは十七世紀にベトナムにいたイエズス会の宣教師たちが、布教活動のために工夫した方式だとされています。宣教師のうちのだれがこれを作ったのかはわかりませんが、ベトナム語表記にもっとも適切な文字綴りを考案したのは、十八世紀のパリ外国伝道協会の宣教師たちだったようです。

そのころベトナムの王朝内部では政権争いが激化していました。中で頭角を現したのが阮福映《げんふくえい》つまりのちに嘉隆《ジアロン》帝となる人物です。彼はルイ十六世をバックにもつフランス人司教ベーヌとフランス義勇軍の援助を得て、一八〇二年に全土を平定し、阮《げん》朝を建てました。

こうしてフランスの支援を受けて成立した阮朝では、必然的にフランス人の発言力が強くなりました。そしてそんな流れの中でやがて漢字を捨て、フランス語式の表記方法でベトナム語を書くという方式が定着していったわけです。

ベトナムの話はそれくらいとして、かつて漢字文化圏を構成していた国々でも、近代になってから大きな変化が起こりました

本家である中国は、イギリスを相手にしたアヘン戦争に敗北した（一八四二年）のを契機にヨーロッパ列強によって半植民地化され、周辺諸国に対する影響力をしだいに失いはじめました。つまり「眠れる獅子」であった中国は、十九世紀半ばからごく普通の国になってしまったというわけです。いっぽう日本は明治維新を経験し、近代的な欧米の産業社会をモデルとして、急速に新たな国造りをはじめました。

第二次世界大戦の終了とともに、漢字文化圏はかつての形を完全に失うこととなりました。東アジアの文化は一九四五年以後に激変しましたが、その中心には漢字が大きく関係しているといっても過言ではありません。そしてその変化のプロセスが、これからの漢字文化のあり方に大きな影響をあたえることは確実です。このあたりの事情については、現代と今後の漢字の問題とあわせて、章をあらためて考えることとしましょう。

第2章

漢字の起源と発展

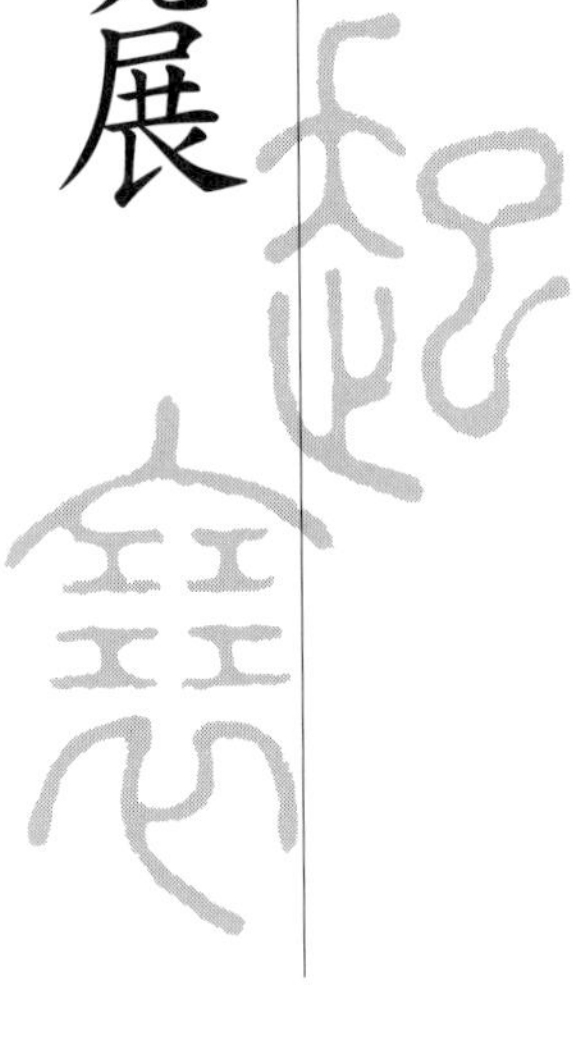

2・1 古代文字の姿

文字と文化

文字の発明は、文明のあけぼのを告げるなによりもわかりやすい目じるしでしょう。南アメリカに栄えたインカ帝国や日本の先住民といわれるアイヌ民族の文化などをごく少数の例外として、世界の歴史上のほとんどの文明が、ある一定の水準に達した時に文字を発明したり、あるいはすでにできている文字を他の地域から借りてくるなどして、文字を使うようになりました。

文字とは言語をなにかの素材の上に記録するために開発された符号システムであり、これを使うことで、口から出た瞬間に消えてしまう音声を、目に見える記録という形で定着させることができます。そしてその文字に関する知識をもっている人であれば誰でも、記録された内容を読むことで、記録者が発信した情報や知識を共有できます。文字が記録された素材は、建築物の壁や山中の岩、あるいは大きな石碑でもない限り、それを遠くまで運ぶこともそんなに困難ではありません。だから文字は文明を別の地域に伝播させることができるビークル（乗り物）としての役割をになうこととなりました。

このビークルは、記録を運ぶことで空間を飛び越えられるだけでなく、さらには時間の流れにそって移動することもできました。文字による記録は知識を後世に伝えることができますし、逆に後世の歴史家たちは遺跡から発見された記録を読んだり分析することで、過去の詳しい状況を知ることもできるわけです。文字こそは、人類の歴史におけるもっとも偉大な発明品であったといっていいでしょう。

漢字の発明をめぐる伝説

古今東西これまでの世界には文字が合計数百種類存在しましたが、私たちが暮らす東洋

インカの結縄（国立民族学博物館所蔵）

でもっとも影響力が大きい文字は、いうまでもなく漢字です。しかし漢字がいったいいつごろに、中国のどこで生まれたのか、その正確なことは今もまだ謎に包まれています。もともと文字とはそういう性格のもので、ある文字がいつごろどのようにして成立したのかについては、はっきりしたことがわからないことの方が多いものです。

　伝説によれば、漢字が発明される前には「結縄《けつじょう》」という方法が使われていたそうです。結縄とは縄をさまざまな形に結び、その結び目の数や形、あるいは結び目の大小などによってなにかを伝える方法で、実際に南北アメリカなど世界各地で使われていました。もっともよく知られているのはペルーのもので、十六世紀にスペイン人がインカ帝国にやってきた時には、まだ結縄がインカ帝国のあちらこちらで日常的に使われていたそうです。ペルーの結縄は数を記録しただけの単純なものだけではなく、中には法律や歴史を記したものまであったそうです。

中国にもそんな結縄を使っていた時代があった、という伝説が文献には記されています。もしそれが本当であったとしても、縄は土の中で腐ってしまいますから、実物が発見される可能性はまったくありません。

結縄に続いて、いよいよ文字が登場します。

これもまた伝説ですが、漢字は一人の偉大な人物が発明したものとされており、その人の名を「蒼頡《そうけつ》」（また「倉頡」）といいます。

蒼頡は黄帝《こうてい》という神話上の帝王に仕える人でした。蒼頡がある時野原に出てみると、地面に鳥や動物の足跡がいっぱいついていました。地面には足跡がいっぱいあるのですが、しかし彼の目の前には実際の動物や鳥がまったくいません。しかしそれでも、地面に残された足跡をよく観察すると、これはウシの足跡、これはウマのもの、というように、何の動物または鳥が残した足跡であるかが簡単にわかります。

そのように、地上に残された足跡から動物を特定できるのは、足跡の中に各動物の特徴がうまく表されているからにほかなりません。その事実に気づいた蒼頡は、足跡と同じように、さまざまな物の特徴をうまく取り出し、それを的確に表現することで、その事物を意味する文字を作ることに成功した、というのです。

後漢墓の画像石に描かれた蒼頡（左側）

『三才図会』の蒼頡像

右の話を実際の漢字で考えてみましょう。

たとえば「牛」と「羊」はどちらも象形文字ですが、しかしウシやヒツジという動物全体の形をかたどったものではありません。ウシとヒツジを他の動物から区別するもっともわかりやすい特徴はツノの形であって、だから「牛」と「羊」という漢字ではそれぞれのツノの特徴をうまく描き出すことで、字形からウシやヒツジを連想させる、という仕組みになっているわけです。

蒼頡はこの事実に気づき、それを応用して漢字を発明したのですから、普通の人よりもはるかに観察眼が鋭かったにちがいないと考えられ、そこから蒼頡には目が四つあったという伝説が生まれました。後漢の時代に作られたお墓の内側にはさまざまな神話や伝説を描いたレリーフがあって、そこに蒼頡が登場しますが、そこでは伝説の通りちゃんと目が四つ描かれています。また明の時代に絵入りの百科事典として作られた『三才図会《さんさいずえ》』にも蒼頡の肖像画がありますが、そこにもちゃんと目が四つ描かれています。

中国最古の文字

目が四つもあるという荒唐無稽《こうとうむけい》な話はさておき、実際に漢字がどのようにして生まれてきたかを考えるためには、もちろん考古学の発掘成果によらねばなりません。中華人民共和国の考古学界では、始皇帝を地下で守る「兵馬俑《へいばよう》軍団」など、世界を驚かせる奇跡的な大発見が数多くあったことはよく知られていますが、文字の起源に関しても、これまでに重要な発見がいくつかありました。中でももっとも大きな話題となったのは、山東省にある丁公村《ていこうそん》というところから発見された一枚の土器の破片でした。

一九九三年元旦の新聞に、中国最古の文字が発見されたというニュースが日本の新聞に掲載されました。その報道によれば、山東省鄒平《すうへい》県にある丁公村（省都である済南《さいなん》から北東約一〇〇キロ）というところに今から四〇〇〇～五〇〇〇年くらい前の遺跡があって、そこから全部で一一字（?）を刻んだ土器の断片が発見された。それは紀元前二三〇〇年前後のものと推定される、というのです。この断片は幅七センチほどの小さなものですが、発表された写真でも、五行にわたって細い線状の文字らしきものが刻まれているのがはっきり見てとれました。

これは山東大学の考古学チームが発見したものですが、問題の破片は発掘現場ではそこになにか刻まれているということがわからず、出土品をひとまとめにして持ち帰り、数カ月後に土器を洗う作業の中で、「文字」らしきものがあることがわかりました。そんないきさつもあって、これが偽作《にせもの》であるという説が出されたこともあります。しかしちゃんとした考古学の発掘で出たものを「偽物」呼ばわりするのは大変に失礼なことであり、暴論といわれてもしかたありません。

山東省丁公村出土の「中国最古の文字」

実際に中国や日本の学者は非常に重要な発見としてこれに注目し、種々の見解を表明してきました。中国考古学の分野でもっとも権威のある雑誌『考古』では、考古学や古代文字学者など著名な研究者二〇名ほどが寄稿するという形で「誌上シンポジウム」が掲載されました。日本でも朝日新聞社の『AERA』が現地に記者を派遣して写真を撮影し、専門家から見解を求めてトップ記事にするなど、発見当初にはこの資料をめぐって活発な議論がかわされました。

しかしこれは非常に難解な資料であり、発見後一〇年以上たった今でも、ほとんど研究が進んでいません。これに正面から取り組んだ論文は、中国社会科学院語言研究所に所属する言語学者馮時《ふうじ》氏による、「山東丁公龍山時代文字解読《さんとうていこうりゅうざん》」があるだけです。しかしこの論文は、問題の「文字」は漢民族の言語を記した文字（それがつまり「漢字」です）ではなく、少数民族である彝《い》族の古文字であると考え、彝族の古文字と比較対象していくことで完全に解読できる、と主張しました。

彝族は中国の少数民族の一つで、今は西南地域である雲南省や四川《しせん》省南部から貴州《きしゅう》省などにかけて居住している民族です。民族の歴史は古く、遠く漢代から雲南を中心に居住していたといい、また唐代に「南詔国《なんしょう》」を建てたのもこの民族だとされています。

馮時氏はその論文の中で、問題の陶片がこの彝族の古代文字と対比することで解読できると主張しています。しかし論文の中には、彝族の文字がいったいどれくらいの時期まで遡りうるのか、あるいは今は雲南に暮らす民族の文字がなぜ数千キロも離れた遠い山東省で発見されたのかなど、説明が不可欠な点についての記述がいささか希薄であるという印象があって、その点で説得力に欠けている、と私には感じられます。ただ「中国最古の文字」の解読に挑んだ論文は現在の段階ではこれしかなく、これからの研究がまずこの論文をふまえて展開されなければならないことは、あらためていうまでもありません。

甲骨文字の発見

山東省発見の陶片に刻まれていたのが「最古の漢字」であるかどうかは、今の段階ではまだわからないというほかありません。それに対して紀元前一三〇〇年前後から使われている「甲骨文字」は、現在使われている漢字の直接の先祖であることが確実です。

甲骨文字とは殷《いん》という時代におこなわれた占いの内容を記録したもので、それが使われていた時代は、だいたい紀元前一三〇〇年前後から約三〇〇年間と推定されます。この甲骨文字の存在が明らかになったのは比較的新しく、今から一〇〇年余り前の十九世紀末期のことでした。

甲骨文字の発見に関しては、よく知られたエピソードがあります。

清朝末期に国子監祭酒《こくしかんさいしゅ》（国立大学学長）という地位にあった王懿栄《おういえい》にはマラリアという持病があり、そのため当時その特効薬とされていた「龍骨《りゅうこつ》」をいつも服用していました。

牛の肩甲骨に刻まれた甲骨文字（拓本）

龍骨とは「龍の骨」という意味ですが、龍そのものが想像上の動物ですから、そんなものの骨など、あるはずがありません。実際には土の中から出てくる古代生物の化石を「龍骨《りゅうこつ》」と名づけて、それが漢方薬店で売られていたのですが、ある時王懿栄は、召使いが薬屋から買ってきたばかりの龍骨の表面に、なにかクギでひっかいたようなキズを見つけました。そこで同じ屋敷の中にいた、古代文字に詳しい劉鶚《りゅうがく》とともに検討し、それがこれまで知られていなかった古代文字であることを発見した、といわれています。

以上は甲骨文字に関する文章には必ずといっていいほど言及される有名なエピソードですが、しかしおそらく事実ではありません。というのは、龍骨は粉末の形で販売されていたので、どんなによく調べても、そこに文字なんか見えるはずがないからです。この話がはじめて見える資料は一九三〇年前後の新聞に「おまけ」としてついていた読み物で、著者はペンネームを使っているので、誰が書いたものなのかすらわかっていません。きっとそのころにはもう龍骨という薬が使われなくなっていて、実際の形がわからなくなっていたのでしょう。

龍骨がどうのこうのという話は、どうやらエピソードにすぎず、甲骨文字の存在が明らかになったのは、目利きの骨董《こっとう》商が河南《かなん》省安陽《あんよう》郊外の農民から入手した古代の骨片を、「珍奇な骨董」として、青銅器のコレクターとして知られていた王懿栄など何人かのところに持ちこんだ、というのが真相のようです。

土の中から甲骨が発見される安陽（河南省中部）は、古くから殷の都跡であるとの伝承をもつ場所でした。そんなところから実際の殷の文字が発見されたものですから、考古学者からは非常に注目され、やがて一九二〇年代後半からそこで発掘が大規模におこなわれました。この発掘で大量の甲骨が見つかったほか、宮殿跡や王の墓を含む多数の墓や遺跡が発見され、それまで謎に包まれていた殷王朝の歴史に関する研究が飛躍的に進むことになりました。

占いの結果を書いた文字

世界中の古代国家と同じように、殷も宗教性色彩が非常に濃い時代でした。その時代では戦争や農業など国にとって非常に重要な事柄から、王とその一族にかかわる病気や出産、あるいは風や雲の運行、はては今夜雨が降るだろうか、といった天候の予測まで、ありとあらゆることに関して、まず神の意志が問われました。しかし神の声が実際に人間に聞こえるわけはありません。それで神の意志を知るために占いがおこなわれました。

古代中国の占いといえば「易《えき》」を連想する人も多いでしょうが、しかし八卦《はっけ》を使う占い「易」は、正式名称を「周易《しゅうえき》」というように、殷に続く周の時代にはじまったものです。殷の時代の占いは、亀の甲羅《こうら》（といっても盛りあがっている方ではなく、地面に向いた腹側の甲羅です）とか牛などの動物の骨を使っておこなわれました。

具体的にはまず甲羅や骨の裏側に楕円形のくぼみをあけ、くぼみの底に燃え木を押しつけて熱を加えます。そうすると甲羅や骨の表面にヒビが走ります。人間からの問いかけに対する神の判断は、そのヒビの形によって示される、と当時の人々は考えていました。ちなみに「卜」とか「兆」いう漢字は、そのヒビの形からできた象形文字です。

占いがすんだあとの甲羅や骨に、いつ誰が、どのようなことを占ったのかを文章で記し、時にはさらに、王がヒビを見て下した判断や、後で起こった出来事などを当時の文字で記録しました。その文章に使われた文字が「甲骨文字」で、「甲骨」の甲とは亀の甲羅、骨とは牛などの骨のことで、つまりそれは記録された素材にちなんだ名称でした。

ユニークな記録方法

亀の甲羅や動物の骨は非常に硬い素材なので、それに文字を刻むには彫刻刀のような刃先が鋭いナイフが使われました。実際に殷の遺跡から、甲骨に文字を刻むのに使ったのではないかと推測されるナイフが発見されていますが、それは今の篆刻《てんこく》に使われる刀によく似たもので、銅で作られています。

ところで甲骨にナイフで文字を刻みつける時には、今の私たちが文章を書くように、最初から一字ずつ書いていく、という方法ではありませんでした。甲骨文字は、はじめに文章全体に含まれる漢字の縦線だけをすべて刻み、それが済むと骨や甲羅を九十度回転させ、それから各文字に横線を刻んでいく、というかなり特殊なやり方で記録されたのです。この方法なら、いつもナイフを上から下に動かすことが可能です。非常に固い素材に文字を刻むには、おそらくその方法が便利で効率もよかったのでしょう。

縦線だけが刻まれていて、横線がまったく刻まれていない甲骨が発見されていることから、そんな独特の刻字方法がおこなわれていたということがわかったのですが、さて私たちが文字をこのように刻んでいくとすれば、あらかじめ甲骨の表面に文章全体が下書きされていないと困難でしょう。古代でも事情は同じで、下書きにあたる文章があらかじめ甲骨の上に筆と墨で書かれていたのではないか、と考えた研究者が何人かいます。

しかしこれは古代の書記の力量を見くびった考えで、文字を刻むのに慣れた書記なら、下書きなしで、甲骨の表面にいきなり文章を自由に刻めたにちがいありません。表面に筆と墨で直接文字を書きつけた甲骨も実際に発見されていますが、それは非常に大きな文字で書かれたものばかりです。それに対してナイフで刻まれた甲骨文字の中には、肉眼では読めないほど小さな文字まで存在します。当時の筆はおそらく動物の毛を棒にくくりつけただけの原始的なものだったでしょうから、そんな簡単な筆では小さな文字が書けません。つまり甲骨文字は下書きなしの「ぶっつけ本番」で刻まれた、と考えられるわけです。

青銅器に鋳こまれた文字

この甲骨文字が、今のところは現存する最古の漢字と考えられていますが、しかしだからといって、殷の時代に使われていた文字が甲骨文字だけだった、というわけではありません。

甲骨文字と同じくらい古い時代に使われていた、忘れてはならないもう一つの重要な文字資料があります。それは殷から周にかけての時代に、青銅で作られた種々の道具に鋳《い》こまれた文字で、それを「金文《きんぶん》」と呼びます。なおこの場合の「金」とはゴールドのことではなく、金属という意味です。

亀の甲羅や牛の骨で占いをしていた殷は、宗教的色彩が非常に濃い時代でした。そこでは国家と王に関するあらゆる事柄に関して、行動方針を決定するためにまず占いがおこなわれましたが、占いに対してお告げをくだすのは、「帝《てい》」と呼ばれた神や、王の祖先たちの霊魂でした。そんな超自然的存在から常に正しくお告げをいただくために、その時代の人々は神々に対する祭りをきわめて厳粛に、かつ規則正しくおこなっていました。

この祭りは、祖先の位牌《いはい》を祭った部屋でおこなわれました。そこは家の中でもっとも神聖な場所で、祭りには酒や食物などの盛大なお供えが用意されました。このお供えは神様が召しあがるものですから、それを盛りつける容器にも特別なものが使われました。それが古代中国の青銅器で、大別すれば調理道具、食物を盛るもの、酒を入れるもの、水をいれるもの、そして楽器があります。

酒器として用いられた青銅器(泉屋博古館所蔵)

世界中の古代文明が、石器時代から鉄器時代に移行する過渡期として、青銅器文明を経験しました。日本でも各地の遺跡から

蓋裏の銘文

銅鐸《どうたく》や銅剣《どうけん》などが多数発見されていますし、エジプトやギリシャ・ローマにも青銅で作られた道具がたくさんあります。しかし殷周時代の中国ほどすばらしい青銅器を大量に作り、それを活用した文明は他に例を見ません。それは今から数千年以上も前の時代に作られたものとはとても思えないほどに見事な、古代芸術の造形の極致というべきものです。

この青銅器の中に、容器の内壁や蓋《ふた》の部分に文章を記したものがしばしばあり、それが金文です。殷の時代に作られた青銅器に記録される金文は字数がそれほど多くなく、普通は一〇字にもみたない、それも二字か三字のきわめて短い文章がほとんどです。また銘文には一族のシンボルマークが描かれることもよくあります。このマークは銅器の所有者の家柄や職業を表す記号、いわば家紋であり、そのような記号と文字を組みあわせて、祭られる祖先を示しています。

すぐ次に述べるように、青銅器に銘文《めいぶん》を記録する作業はおそろしく手間がかかるものでした。だから殷の青銅器には銘文のないものが多く、文章よりもむしろ外側に加えられた装飾に重点をおいて作られたようにも考えられます。しかし周になると社会の宗教性がしだいに薄くなり、そうなってくると青銅器も祭りの道具としてよりはむしろ、何かの官職に任命されたり、あるいは車や衣服などのご褒美《ほうび》を王からいただいた記念として作られることが多くなり、それとともに文章がしだいに長くなりはじめました。つまり青銅器は祭りの道具として作られるだけでなく、一種の記念品（モニュメント）としての性格も持ちはじめたわけです。記念品として作られたものには当然、その青銅器を作った由来を記録する必要がありますし、もしそれが官職を賜った記念として作られた道具なら、その時に王からあたえられた辞令などを文中に引用する必要があるでしょう。周になって青銅器の銘文が長くなりはじめたことの背景には、そんな社会の変化が考えられます。

金文の記録方法

甲骨文字は亀の甲羅や動物の骨にナイフで刻みつけたものでしたが、それでは金文はいったいどのようにして記録されたのでしょうか？

文字を記録するには原則的に二つの方法があって、一つは色のついた液体を「塗る」という方法、もう一つは素材の表面を削り取る、つまり「刻《きざ》む」という方法です。墨やインクで文字を書くのは前者の方法で、鉛筆やチョークも粒子を「塗りつける」わけですから、広い意味でこの方法に属します。いっぽう甲骨文字や印鑑、あるいは石碑やお墓などは後者の方法で記録されているのですが、金文はそのどちらにも属さない、「鋳こむ」というきわめて特殊な方法で記録されました。

金文は青銅器に文字を直接刻みつけたものではありません。青銅に文字を刻みつけるには銅よりも硬い金属が必要で、銅よりも堅い金属といえば鉄ですが、その時代の中国にはまだ鉄がありませんでした。また金文は青銅器の内側に記録されるのが普通で、外側からなかなか見えないところに文章が記録されていることも珍しくありません。そんな場所に鉄のノミをあてて文字を刻むことはできません。

金文を記録した方法は、青銅器の作り方と密接に関係しています。青銅器といってもそれは要するに鋳物ですから、その制作はまず精巧な模型を作ることからはじまります。はじめに作るべき青銅器の模型を土器で作り、外側の文様などもすべて模型に刻んでおきます。模型ができると、その外側に油を塗ってから粘土をかぶせ、乾いたらそれをいくつかに分割して取り外します。これが外型になります。次にはじめに作った模型の表面を一定の厚さで削りおとします。この時に削った厚さが、できあがりの青銅器の厚さとなります。こうしてひとまわり小さく削り取ったものを内型とします。それから外型と内型を組みあわせ、そこにできたすきまに溶かした銅と錫《すず》の合金を流しこみ、冷えてから外型をはずし、内型を砕いてとり除けば青銅器のできあがりとなるわけです。しかしそれは口でいうほど簡単な作業ではありません。ましてや今から三〇〇〇年以上も前の作業です。そして青銅器に銘文を記録するには、さらに複雑な工程が必要でした。

金文は青銅器の内側に記録されていますので、文字は内型の表面に記録されていたはずです。今もし青銅器本体を作る内型に直接文字を刻みつければ、内型の表面では文字が凹むので、できあがりの青銅器では文字が凸型になります。しかし青銅器は完成後に、鋳造の時にできた突起を取るために必ず磨かなければなりません。その時にもし銘文が凸型に飛び出ていれば、せっかく記録した文字が削られてしまいます。だから青銅器では文字が凹んでいなければなりません。ということは、鋳造段階では文字は内型表面で凸型になっていたはずです。

しかし内型は、青銅器の模型をひとまわり小さく削りおとして作ったものですから、削りおとす段階で文字の部分だけを残すということはできません。それでは内型の表面で文字を凸型にとびださせるには、いったいどうしたらいいでしょうか。歴代の研究者はこの問題を解くのに大いに悩みました。中には、水で溶いた粘土を内型の表面に筆でなんども薄く塗り重ねて、文字を凸にしたのではないかという、考えに考えぬいた説まで出されましたが、古代人はこれに関して実に巧妙な方法を案出していたのです。

青銅器に銘文を記録するためには、青銅器本体の鋳型《いがた》とは別に、銘文用にもあらかじめ専用の型が作られていました。銘文用の型として使われたのは木の板か粘土板、あるいは最新の説得的な説では牛の皮ではないかと考えられていますが、とにかく平らな面をもっている物に、通常の方法で筆と墨を使って文章を書き、それからその文字をナイフなどですこし刻みます。そうすると板や皮の表面では、文字が凹型にへこんだ陰文《いんぶん》になります。この時次にその上から粘土を薄くかぶせ、上から強く押しつけて、文章を型に取ります。この時できる型では文字が凸型にとびだした陽文《ようぶん》で、しかも左右逆転した「鏡文字」になります。こうして作った銘文用の型を、青銅器本体の内型にとりつければ、内型表面では文字が凸になります。それから青銅器を鋳こめば、できあがりの青銅器では文字が「凹」になる、という仕組みでした。

つまり金文とは、青銅器を鋳こむ時に、青銅器本体の鋳型に銘文用の型をセットして、文章も器物といっしょに鋳造するという方法で記録されたものです。これは世界的にも見てもちょっと例がないほどに、手のこんだ複雑な方法で記録された文字でした。そしてこのような方法で記録されたからこそ、容器の底とか、あるいは把手の内側とか、外からはなかなか見えないところにも文字を記録することができたわけです。実際に展覧会や博物館などで展示されている青銅器では、上や外側からのぞきこんでも中の文字が見えないことがしばしばありますが、容器の内側など外から見えにくいところに文字を記録できたのは、この「鋳造《ちゅうぞう》」という方法を使ったからこそ可能なのでした。

書体のちがいは道具のちがい——◎

金文は早いものでは甲骨文字とほぼ同じ時代のものもありますが、文字の風格は一見して明らかなように、まったく異なっています。甲骨文字は鋭く細い直線を組みあわせた文字であるのに対し、金文の方は曲線が多く、線も肉太でやわらかく、見たところかなり感じがちがいます。しかしそれは、甲骨文字は骨や亀甲に先が鋭く尖ったナイフで直接刻みつけたものだから細くて直線的な文字になり、金文は型を作成する段階で、平面をもつものに筆で文字を書いたので、曲線が自由に描け、線の厚みを自由に調節することもできたのです。つまり両者の風格のちがいは、実は筆記用具のちがいが反映した結果です。文字の構造としては両者は同じであり、いわば現代の日本人がペンで書いた文字と毛筆で書いた文字の風格がちがうのと同じことです。

2●2 漢字の作り方

「文」と「字」のちがい

ここまでは古代中国で文字が記録された素材（専門的には「書写材料」といいます）に

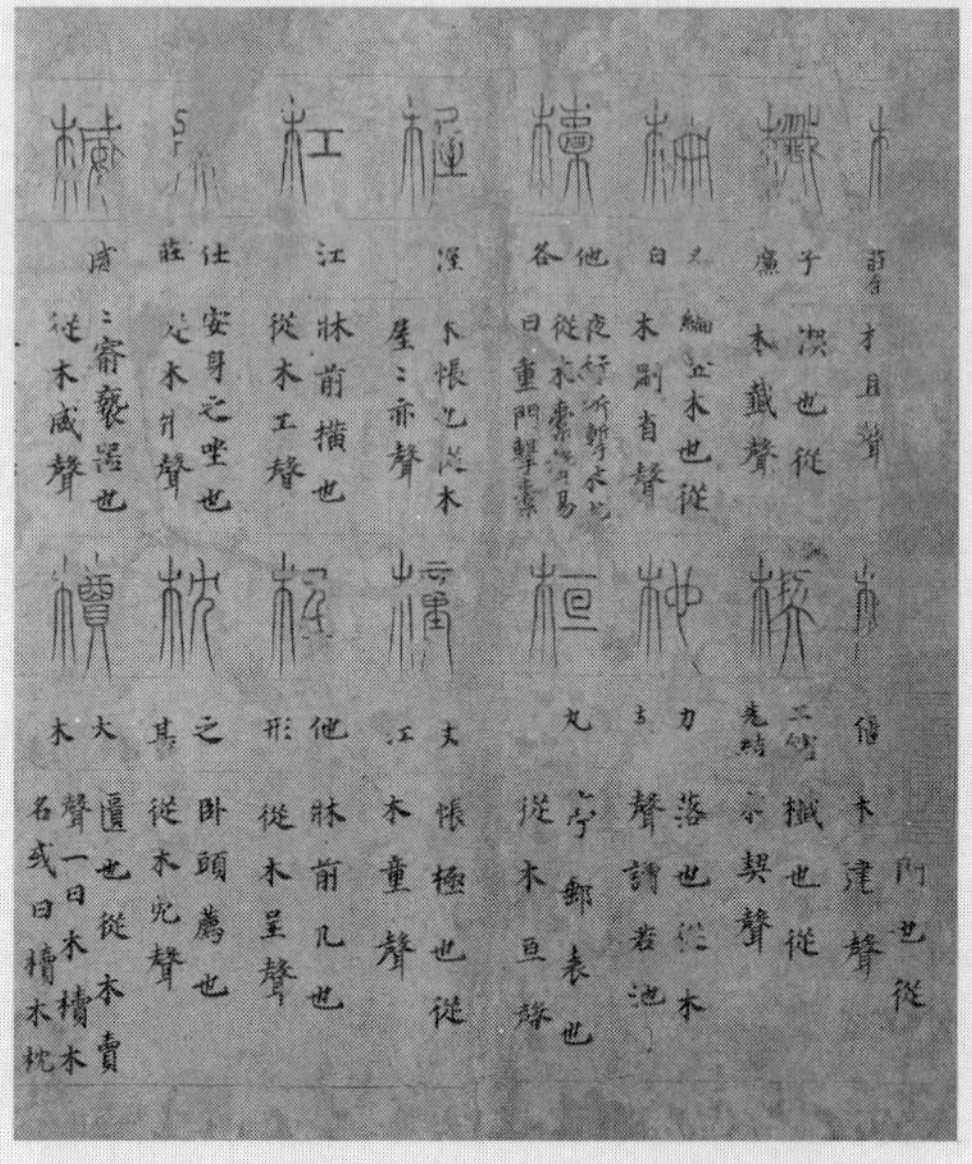

『説文解字』唐写本（杏雨書屋所蔵・国宝）

ついて考えてきましたが、それではそれぞれの漢字自体は、いったいどのようにして作られてきたのでしょうか？　次に漢字の作り方について、少し詳しく考えてみましょう。

私たちは普通ひとくちに「文字」といいますが、漢字に関する伝統的な研究では「文字」という語を二つにわけ、「文」と「字」をそれぞれ異なった概念と考えます。中国の伝統的な文字学では、漢字を「単体」（それ以上分割できないもの）と、「複体」（単体の文字をいくつか組みあわせたもの）の文字にわけ、それをそれぞれ「文」と「字」という名で呼んでいます。

後漢の永元《えいげん》十二年という年、西暦でいえば一〇〇年ちょうどにあたる年に、一冊の書物が作られました。それが中国最古の文字学書であり、今でも漢字に関してもっとも権威がある書物として引きあいにだされる『説文解字《せつもんかいじ》』です。著者の許慎《きょしん》は若い頃から経書《けいしょ》（儒《じゅ》学《がく》の経典）に関して博識な人物としてよく知られ、当時の人々から「五経《ごきょう》に無双《むそう》（匹敵するものがいない）」とたたえられる人物でした。

彼が作った『説文解字』は、合計九三〇〇あまりの漢字について、各文字の構造を説明し、その分析に基づいて、それぞれの漢字が作られた時に最初に表した意味（それを「本《ほん》義《ぎ》」といいます）を明らかにしました。

さてさきほど述べた「文」と「字」の区別が、『説文解字』の序文に次のように説明されています。

蒼頡之初作書、蓋依類象形、故謂之文。其後形聲相益、即謂之字。文者物象之本、字者言孳乳而浸多也。

蒼頡の初めて書を作るや、蓋《けだ》し類に依って形に象《かた》どる、故にこれを文という。その後　形と聲と相い益し、即ちこれを字という。文なる者は物象《ぶっしょう》の本《もと》、字なる者はいうこころは孳乳《じにゅう》してしだいに多きなり。

少し難しい文章ですが、許慎が述べていることの大まかな意味は、蒼頡がはじめて文字を作った時には、それぞれのタイプごとにかたどっていったので、それを「文（もよう）」といった。それからあと、ものの形や発音を表す部分が増えてきたので、それを「字（ふえる）」と呼んだ。「文」とはものの形の根元であり、「字」とはしだいにふえて多くなっていくことである。

というくらいの内容です。

引用文のはじめにある「蒼頡」は、前に述べた通り漢字を発明したとされる伝説上の人物で、蒼頡は各事物の特徴をうまく抽出して、それを適切な形で表現することで文字を作ったのですが、そのように馬なら馬の、鳥なら鳥の特徴をとらえてかたどって（「依類象形《いるいしょうけい》」）作ったものを「文」と呼びます。

この「文」という漢字それ自体について、『説文解字』には、

文は、錯《まじわ》れる画《がく》なり、交われる文に象《かた》どる。

（文はまじわった線のこと。線が交差しているさまにかたどる）

と記されています。

『説文解字』によれば、「文」はもともとは線が交わったさまを表し、本来の意味は「もよう」でした。「文」という漢字はもともと「もよう」という意味を表していたのが、やがて意味が広がって「あやのあるさま」を指すようになったわけです。今の私たちが使っている「文章」ということばも、もともとはセンテンスの意味ではなく、あやのあるさまを表現することばでした。

「文」はそうであるとして、もう一方の「字」とは、社会の発達にともなって必要な漢字が増えていったので、いろんな形や発音符号をくっつけて作られた（「形聲相益《けいせいそうえき》」）ものをいいます。「字」は『説文解字』に、

字は、乳《う》むなり、子　宀《やね》の下に在るに从《したが》う、子《シ》は亦《また》声《せい》なり。

（字は産み増やすこと。子が宀（屋根）の下にいるさまを表し、子《シ》は音符を兼ねる）

とあります。

「字」は《宀》（屋根）と《子》（こども）とからなり、子供が屋根の下にいる形を表し、その組みあわせから「子どもを産む」、あるいは「子どもを育てる」という意味を示します。現在の日本人には「字」にそのような意味があることがちょっとわかりにくいでしょうが、この意味はのちに「孳《ジ》」（うむ、ふえる）と書かれるようになりました。「孳」は「字」と同じ発音で、『説文解字』の序に、

字なるものは、いうこころは孳乳してしだいに多きなり。
（字とはしだいにふえて多くなっていくことである）

と言っているのは、「字」を同音同義の「孳」で置きかえて説明しているわけです。

ながながと複雑な説明をしてきましたが、要するに漢字には「文」と「字」という二種類があって、「文」とはそれ以上分解できない単体のもの、「字」とはいくつかの「文」が合わさって作られた複体のものをいう、ということです。今ここで思いつくままに例を挙げれば、山・水・馬・鳥・牛・犬などはいずれも「文」で、崎・港・駆・鶴・物・狗などが「字」となります。あるいは単独で漢字の偏やつくりとなるものが「文」、偏やつくりな

どに分解できるものが「字」である、と考えてもよいでしょう。なおこの「文」と「字」の区別が、ほかでもなく『説文解字』という書名にも反映されていて、そもそも『説文解字』とは「文を説き、字を解す」書物なのでした。

絵文字から文字へ

ある漢字がどのように作られているか、その構造を解釈するための基本的な方法に「六書《りくしょ》」があります。漢字の成り立ちは小学校の国語の教科書にも取り上げられていますし、そこでもしばしば「六書」ということばが使われますので、この名前をどこかで耳にしたことがある方も多いだろうと思いますが、「六書」は象形《しょうけい》・指事《しじ》・会意《かいい》・形声《けいせい》・転注《てんちゅう》・仮借《かしゃ》の六種からなり、前の四種は漢字の作り方、後ろの二つは漢字の使い方に関する原則である、と考えられています。

漢字に限らず、古代の文字はいずれも絵画からはじまったといわれます。トリがいれば、それを表す文字として古代人はトリの絵を描き、水が流れるさまを描いて川を表す文字としました。山や川、それに魚や太陽は、世界中どこの地域の人が描いても、ほとんど同じ

アメリカ先住民の絵文字（『文字の歴史』岩波書店刊より）

ような形になったはずでしょう。

このように世界の文字の原始形態が似ているということは、文字が絵文字（pictograph）から発生したことをはっきりと表しています。絵文字とは図形をいくつか結合させることで特定の観念を表すもので、北アメリカの先住民（いわゆる「アメリカインディアン」）が使っていた絵による情報伝達などがその例です。また世界の各地に多く残っている岩石の彫刻にも、各種の絵文字がたくさん含まれています。

イギリスの言語学者ムーアハウス『文字の歴史』（邦訳はねずまさし氏、岩波新書）に、アメリカ大陸の先住民が残した絵文字が出ています。それには五艘の舟に乗っている人間やヘビ、あるいは虹のように天空にかかる太陽（実際には太陽の軌跡）などが描かれているのですが、興味深いのは舟と人間の関係で、著者によれば、それぞれの舟には実際に戦争に出かけた時に乗った人間の数が、短い直線でその人数のまま忠実に表されているそうです。

このように絵文字では、絵と概念との対応関係が一対一に結びついており、絵で表現される事柄が社会の一般的な約束事として慣習的に結びついてはいません。すこしわかりにくいかも知れませんので、右に述べたことを、「山」という漢字で考えてみましょう。

地上にそびえ立つ山には、実にさまざまな形があります。日本人なら誰でも知っている富士山は左右に均整のとれたなだらかな傾斜をもっていますが、しかし山がすべて富士山のような形をしているわけではありません。信州にある槍ヶ岳は名前の通り槍を何本も突き立てたようにゴツゴツと尖った形をしていますし、九州の阿蘇山なら火口の部分が凹状になっていて、正面から見れば台形のように見えるはずです。

絵文字では、これらのヤマはそれぞれの形に似せて書きわけられなければなりません。しかし言語を表記するための文字では、どの山もすべて同じ形で表現されなければなりません。今使われている「山」という漢字は、どのような形のヤマを表現することも可能です。しかし絵文字では、富士山を表す時に使われる形で槍ヶ岳を表現することができません。

同じことはヤマ以外についてもいえるわけで、絵文字ではタイとアジとヒラメとチョウチンアンコウはそれぞれ別々の形に描かれますが、それが文字になると、すべて「魚」という漢字で表すことができるわけです。

これが絵文字と文字のちがいです。絵文字が具体的な事物をイメージに即してできるだけ忠実に表現しようとするのに対して、文字は一種の記号として、社会的な慣習に直結しうるものでなければならないわけです。したがって、絵文字は文字の前段階を示すものではありますが、文字そのものではありません。

象形文字について

具体的な事物の形をかたどった絵画的な図形が、文字として使われるためには、まずその形が言語の中で使われる単語と、1対1に結びつく必要があります。太陽をかたどった「⊙」（甲骨文字の「日」）という形を見た時に、その時代の中国人の頭の中に、音声言語で太陽を表す単語が浮かんだ時に字形と単語が結びつき、そうしてこれが太陽を表す意味の文字となったわけです。そのことはエジプトにおいても、シュメールにおいても、まったく同じでした。

世界の古代文字として知られるエジプトやメソポタミア、あるいは中国の文字は、いつの頃か絵文字の段階を脱してそれぞれの言語と結びつき、こうして象形文字が生まれてきました。

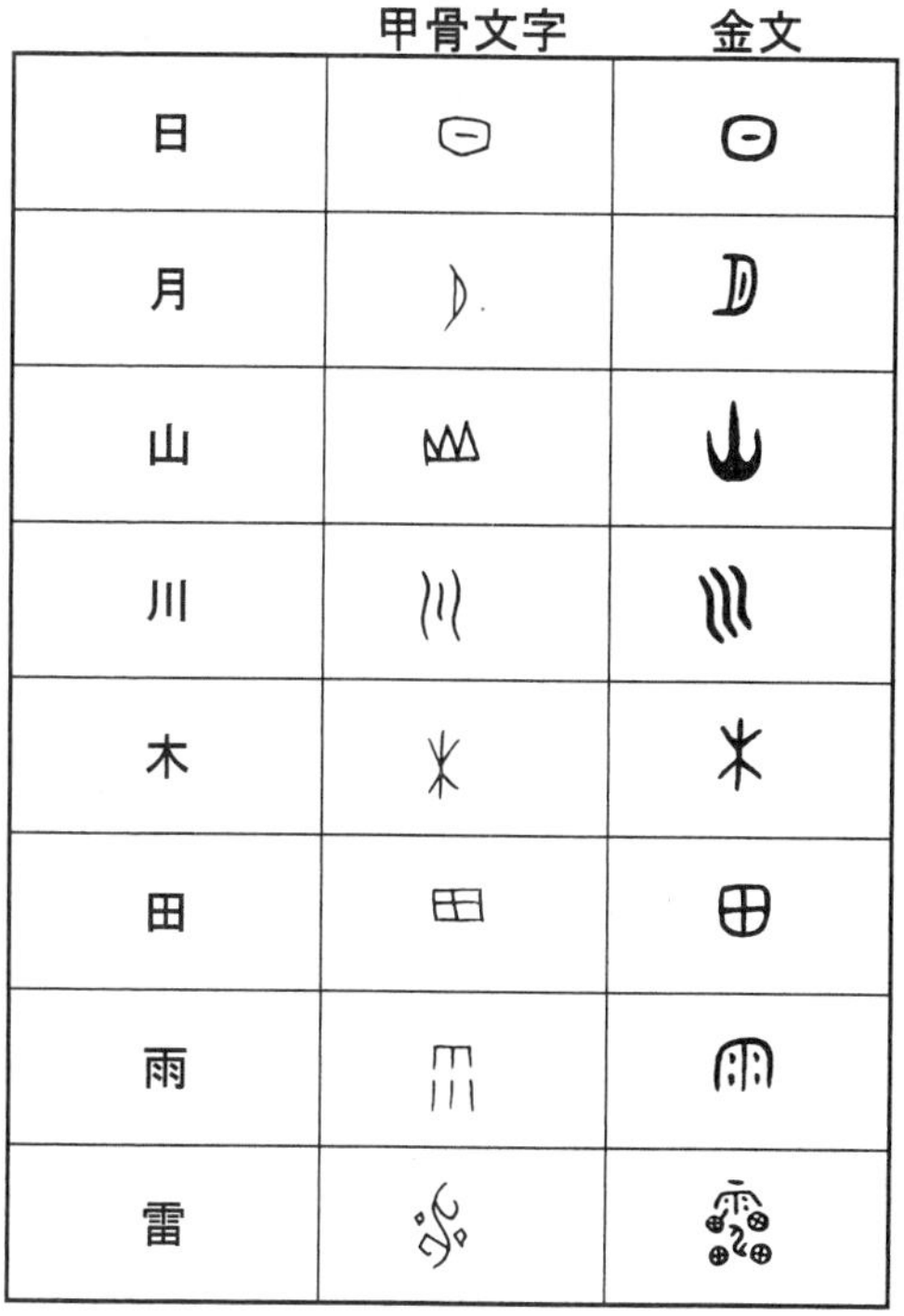

ものの形からできた漢字

小学校の国語の教科書の中には必ず漢字の成り立ちに関する教材があって、そこに「ものの形からできた漢字」として、日・月・山・川・木・田などの漢字が並んでいます。

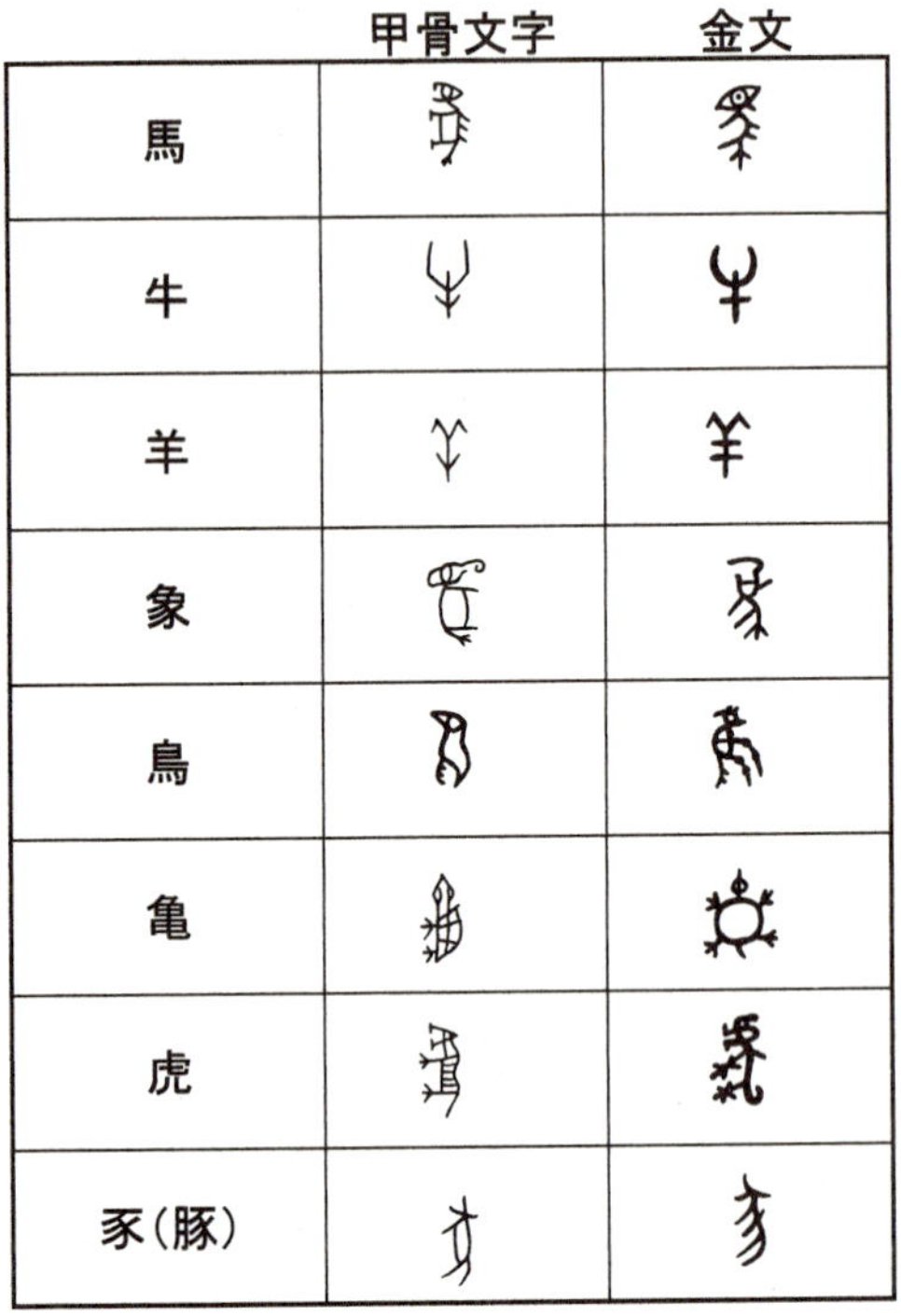

動物をかたどった漢字

これらの漢字も、特に古い字形を見れば象形という方法がうまく効果を発揮していることがよくわかります。

動物を表わす漢字にも象形文字がたくさんあって、甲骨文字のように古い字形ではいずれの動物も特徴が実にうまく、絵画的に表現されています。たとえば「象」や「馬」は長い鼻やたてがみを描き、「牛」や「羊」ではツノの形状のちがいを利用し、「虎」では体の表面にある模様の特徴がたくみに描きだされています。

象形の方法で作られた文字は、動物の他にもたくさんあります。「日」は太陽を、「月」は空に浮かぶ半月をかたどったものですし、「木」は立ち木が枝を張りだしているさまを、「雨」は空から雨のしずくがしたたるさまを、「車」は古代の戦車の形を、「女」は手を前に組みあわせて膝をまげた人間の肢体を、それぞれかたどったものです。

指事について

ヤマやトリ、あるいはカメのように、目に見える具体的な姿があるものなら、象形という方法で文字を作ることが比較的たやすくできます。しかし目に見えない抽象的な概念は、それを絵に描けないので、文字にするのがそれほど簡単ではありません。その場合に漢字では「指事」という方法を使って、その難問を解決しました。

指事とは抽象的な概念を、暗示的かつ記号的に示す方法で、たとえば「一」「二」「三」という数字や、「上」や「下」がその例です。一・二・三という字形が示す意味は、ここであらためて説明するまでもなく、それぞれ横棒をその数だけ並べた形です。また今は「四」とかかれる4も、甲骨文字のように古い字形では、横線を上下に四本並べた形で表わされました。しかしこうして平行に並べられる横棒は、たとえば木の枝とか棒ぎれというように具体的な事物を特定できるものではなく、単なるマークにすぎません。マークを何本か並べることで、その数を示すことに成功しているわけです。

数字の他にも抽象的な概念はたくさんあって、たとえば「上」や「下」という概念も、それだけを取り出して描くのは非常に困難です。それを漢字では、なにかの基準線の上または下にものが存在することによって示そうとしました。

目に見えない抽象的な概念も、このようにマークをたくみに配置することで文字にすることができました。これが指事という方法ですが、この方法はさらに、象形の方法で作られた既成の文字を利用して、それになにかのサインを加えるという形に応用されることもありました。

樹木を表す「木」は、すでに述べた「象形」の方法で簡単に作ることができました。しかし木の根もとの部分、あるいは梢《こずえ》の部分だけを取り出して描くのは非常に難しいことです。そこで象形文字である「木」を使い、その下や上にあたる部分に、あたかも「ここですよ」と語りかけるように、マークをつけた漢字が作られました。それが「本」（木の根もと）と「末」（木のこずえ）です。そしてこの二つの文字は表す概念が拡張され、やがて樹木の部分だけではなく、一般的な根源、あるいは先端を意味する文字として使われるようになっていきました。

同様のケースが「刃」という漢字にも見られます。ナイフを描くことは簡単で、「刀」はそうして作られた象形文字です。しかし刀に付けられている「刃」は、要するに金属を鋭く研ぎだしただけの部分ですから、そこだけを取り出して目で見ることはできません。そこでそれを表す文字として、象形文字である「刀」の上に、表現したい該当部分を《、》でマークした文字が作られました。これが「刃」で、こうして記号的に描き出しておくと、見る者が少し頭を働かせばそこで示されている概念をたちどころに理解できる、というわけです。

会意について

ここまで説明してきた象形と指事の方法によって、まず基本的な文字である「文」が一通り作られました。そしてこの「文」を二つまたはそれ以上組みあわせ、より複雑な意味を表す「字」が作られました。その時に使われたのが「会意《かいい》」と「形声」という方法です。

会意とはいくつかの「文」を組みあわせ、それぞれの構成要素が「文」としてもっている意味を総合的に考えあわせて、全体の漢字の意味を導き出す方法です。それに対して形声とは、「文」をいくつか組みあわせることまでは会意と同じですが、うちの一つの要素は意味を表さず、その「文」がもっている発音を利用してあらたに作る漢字の意味を示す方法です。

この二つの方法の違いを、ここでは会意で作られた「明」と、形声で作られた「昭」を例として説明しましょう。

二つの「字」はどちらも《日》という「文」、つまり日ヘンを構成要素として持っており、これによって文字全体が太陽あるいは日光に関する意味であることを表しています。このように、ある「字」の中で大まかな意味を示す要素を「意符《いふ》」といいます。

この二つの漢字では《日》がそのような「意符」として機能しているのですが、さてニンベン以外の要素を見ると、「明」には《月》という「文」があり、これは「明」という複体文字（＝「字」）の中で、「空に浮かぶ天体としてのつき」という意味を表しています。つまり「太陽」と「つき」を組みあわせ、「太陽や月が空に出ている状態」ということから、全体として「あかるい」という意味を表す仕組みになっているわけです。

もう一方の「昭」では、日ヘンを除いた部分に《召》があります。「召」という漢字はそれだけで「呼び寄せる、召しだす」という意味をもっていますが、しかし「昭」という字の内部に使われている《召》はその意味を示す要素ではなく、そこでは単に「ショウ」(歴史的かなづかいでは「セウ」)という発音を示すために使われているにすぎません。

日ヘンのついた文字、つまり太陽に関する事柄で、《ショウ》という発音を聞けば、「あぁ、『あきらかである、目立っている』という意味だな」ということが、この文字を見た古代中国の人々にはすぐに理解できたのでした。

停戦こそが真の勇気？

会意の方法で作られた漢字として、「武」がよく例にあげられます。

中国の春秋戦国時代における各国間の攻防やさまざまな出来事を語る『春秋左氏伝《しゅんじゅうさしでん》』という書物に見える話です。

長江《ちょうこう》の南側にあった楚《そ》は恵まれた豊かな資源を利用して生産力を発展させるとともに強大な軍事力を備えるようになり、しだいに北上して黄河流域の国々をつぎつぎと併合していきました。楚はついに黄河中流域にあった大国「晋《しん》」と戦うことになり、楚がひとまずは勝利を収めました。

勝ち誇った楚の家臣が、楚の王に対して「今回は大勝利を収めました。この際ここに敵の死体を集めて大きな建物を築きましょう。敵に勝ったら功績を子孫に示し、武功を永遠に忘れさせないものだ、と古くから申すではございませんか」と進言しました。ところが楚王はそれに対し、「汝にはわかるまい。そもそも『武』という字は『戈《ほこ》を止める』と書くではないか。戈とは武器の代表であり、その使用を止めること、兵器を収めることが真の『武』つまり勇気なのだ。見せしめの建物など作っていったいどうしようというのだ」と述べてその提案を却下した、というのです（『春秋左氏伝』宣公十二年）。

このことばに見える「武」の解釈が、その後の中国であまねく人口に膾炙《かいしゃ》する有名な表現となりました。今の私たちが使っている楷書《かいしょ》や、その前の段階にある隷書《れいしょ》の字形では「武」は《弋》と《止》との組みあわせになっていて、《戈》と《止》に分解できません。しかしこの字は隷書より前の字形、すなわち甲骨文字や金文から小篆までは《戈》と《止》に分解できる字形でした。「戈」とは長い柄の先にL字型の刃をとりつけ、敵を打ったり刺し殺すのに使う道具で、古代中国では武器の総称としても使われたほどに代表的な武器です。「武」の構成要素として使われている《戈》も武器の総称ですから、武器の使用をやめる、つまり武力行使を中止することが真の「武」(勇気)であると説いて、楚王は家臣をいましめたというわけです。

戦争はいつの時代でも悲劇をもたらすものです。だからこの考え方は世界に平和をもたらす、まことに好ましいものだといえるでしょう。実際に『春秋左氏伝』以後も、この説が多くの書物にそのまま引用されました。六書についての定義と挙例を示す最古の文献である『説文解字』でも、「武」の説明としてそのまま文中に取り入れています。

過去の中国だけではなく、すでに十年以上も前のこととなりましたが、「湾岸戦争」があったころ、深夜のディベート番組を見ていると、当時の売れっ子評論家が「戦争をやめることこそ真の勇気である」と発言していました。この評論家は明言しませんでしたが、おそらく「武」の成り立ちに関する通説をふまえて語っていたのではないかと思います。

この「武」の解釈は、たしかに世界平和をもたらす好ましい説ではありますが、しかし残念なことに現代の文字学研究からはあやまりといわざるを得ません。というのは、たしかに甲骨文字や小篆の字形では「武」という字は《戈》と《止》からできていて、楚王の字形分析にまちがいないのですが、ただ《止》は「ストップする」という意味ではなく、もともと人の足跡が前後に二つ並んださまをかたどった象形文字で、本来は「人間の足」を意味し、それから派生して「進む」ことを意味する文字でした。だから《戈》と《止》の組みあわせからなる「武」は、「武器を持って進軍すること」が本来の意味です。だから会意の文字であることはまちがいないのですが、戦争の際に「武」字にまつわる議論を正しい理解に基づいて展開すれば、実はますます戦争を激しくするという、皮肉な結果をもたらすこととなったでしょう。

サクラとウメ――○

会意は以上の通りであるとして、複体の「字」を作るもう一つの方法である形声は、文字と表裏一体の関係にある音声言語での発音を利用して意味を表す方法で、この方法を使えば象形や指事、または会意の方法では文字化しにくい概念をいくらでも文字にすることができました。そして実際に、形声という方法を使うことで、漢字は飛躍的に数量が増えることとなりました。

「木」は前にも書いたように、地面から生えている樹木をかたどったわかりやすい象形文字です。しかしそれではサクラとウメを表す漢字を、それぞれ別に作れといわれたら、いったいどうしたらいいでしょうか?

花の形を写実的に描いた絵画ならともかく、サクラとウメを互いに区別できるように象形文字化するのは、至難のわざというほかありません。しかし文字を作る前に、まずその樹木に対する呼び名が言語の中にあったはずです。いま仮に古代中国ではサクラをyingと、ウメをmeiと呼んでいたと仮定しましょう(ここでは便宜的に現代中国語の発音を使っています)。そうして樹木を表す《木》に、《嬰》(yingと読む)や《毎》(meiと読む)という要素を組みあわせ、「櫻」や「梅」という漢字を作ればどうでしょうか。それらの文字を見た人は、木に関してyingだからサクラだな、meiだからウメだな、と理解できるでしょう。こうして「櫻」と「梅」という形声文字が作られました。

形声という方法を使えば、どんなに文字化しにくい概念でも、それと同音の既成の文字を「音符」(発音を示す要素)として使うことで、たやすく文字を作ることができました。現在使われている漢字の七割以上は、このようにして作られた形声文字なのです。

形声文字の効用

漢字には形声で作られた文字が非常にたくさんあるという事実は、実は私たちの日常的な経験によっても証明できます。

明治時代の小説などを読んでいると、めったに見かけず、おいそれとは読めない難しい漢字にでくわすことがしばしばあります。それでもそんな時に、この漢字は意味がわからないけれど、おそらくこういうふうに読むのではないかな、となんとなく類推できることがありませんか?

たとえば「歔欷」。これは「すすりなく」という意味のことばですが、今ではあまり使われず、一般的には難しい漢字とされるでしょう。しかしそれぞれの漢字の意味がわからなくても、このことばはたぶん「キョキ」と読むのだろう、と想像できませんか?あてずっぽうでかまわないから、なんと読むか考えてごらんといわれれば、ほとんどの人は「キョキではないか」と答えることでしょう。そしてその推測は当たっていて、「歔欷」は実際に「キョキ」と読みます。

意味を知らないどころか、見たこともない漢字なのに、なぜ「歔欷」を「キョキ」と読めるのでしょうか？　それは「歔欷」がどちらも形声文字であり、それぞれに含まれる《虚》と《希》という音符から全体の読み方を類推できるからにほかなりません。

このようなことを私たちはしばしば経験しますが、それは漢字の一部分が全体の発音を表すことが多いという事実を、感覚的に知っているからなのです。だからこの方法に慣れてくると、「涸轍鮒魚」とか「蹐天蹐地」、「喋喋喃喃」というような、見たこともないような難しい熟語でも、同じデンで「コテツフギョ」、「キョクテンセキチ」、「チョウチョウナンナン」と読んでいくことができるわけです。

漢字はいったいいくつあるのか

右に述べてきた象形・指事・会意・形声の方法を使って、中国ではこれまでに膨大な数の漢字が作られてきました。

ところで、今の日本の小学校では六年間を通じて計一〇〇六種類の漢字を学習することと決められていますが、それだけの字数ではもちろん日常生活の用には足りません。次の章で詳しく書きますが、今の日本での漢字使用の目安とされている「常用漢字」は一九四五種類の漢字で構成されています。それでも「拉致《らち》」とか「剥奪《はくだつ》」などは書けません。

それではいったい漢字は、全部でいくつあるのでしょうか?

数年前まで私の仕事部屋に「これが五万字」という大きなポスターが貼られていました。それは日本が世界に誇る辞書『大漢和辞典』(諸橋轍次《もろはしてつじ》著、大修館書店刊)に収録されているすべての漢字をすべて配列したもので、これだけ大量の漢字がぎっしりと、一字として重複することなく並ぶさまはまことに壮観です。

五万もの親字を収め、さらにそれぞれの漢字を伴った熟語をも大量に収録した『大漢和辞典』は、疑いもなく世界屈指の規模を持つ辞書ですが、ところが近年の中国ではそれをしのぐ数の漢字を収録した字書が出版されました。『漢語大字典』(四川辞書出版社・湖北辞書出版社刊)がそれですが、ただ両者の編纂方法はまったくちがい、『大漢和辞典』が文字だけでなく熟語の意味まで説明している「辞典」であるのに対して、『漢語大字典』の方は「字典」、すなわち親字として掲げられる漢字の字音や字義だけを注記した書物で、熟語を一切取りこんでいません。なお中国ではこのように「字典」と「辞典」(いまの中国語では「詞典」と書きます)が厳密に区別されていて、「字典」である『漢語大字典』と兄弟の関係にある「辞典」として、やはり全十二冊と索引一冊からなる『漢語大詞典』(漢語大詞典出版社刊）が刊行されています。

『漢語大字典』には熟語がまったく収録されていないため、書物全体の規模は『大漢和辞典』ほど大きくはありません。しかしそこには『大漢和辞典』にも見えない漢字が数多く収録されていて、総収録字数は公称で「約六万字」に及ぶそうです。さらに来日中のさる中国人言語学者から直接聞いた話では、現在の中国では総収録字数で十万字を越える大きな字書が編纂されているとのことでした。

『大漢和辞典』で約五万、『漢語大字典』では約六万、そして現在中国で計画中の字書では、その詳細はまだ不明であるものの、なんと十万を越える漢字を収録する予定という・・・というような話を聞けば、いったい漢字とは全部でいくつあるのだろうか、との疑問を禁じえません。

しかし、この「漢字の数はいくつあるのか」というのは、たとえば「中国語で使われる単語はいくつあるのか」という問いと同様に、永遠に正解を確定することができない問題なのです。

その理由はいくつか考えられますが、中でももっとも大きな原因は、漢字が誕生してから今まで三〇〇〇年以上の時間にわたって、一貫して表意文字として使われてきたという事実にあります。

世界の文字の中には、日本の仮名や朝鮮のハングルのように、最初から表音文字として作られたものもありますが、それは比較的新しい時代に発明されたもので、古代文明の中で誕生した文字は、ほとんどが発生の段階では表意文字でした。今では表音文字の代表といえるアルファベットも、はじめは表意文字として使われていました。アルファベットの最初にある「A」は牛の角をかたどった象形文字で、「牛」を意味する表意文字として使われました。同様に「B」は家の屋根をかたどった象形文字で、これもまた「家」を意味する文字として使われました。このようにアルファベットも最初は各文字が固有の意味を持つ表意文字だったのが、やがて他の民族が自分たちの言語を表記するために借用した時に、意味を切り捨て、単にその字の発音だけを利用するようになったわけです。つまり「万葉仮名」と同じことがおこなわれたわけで、これをきっかけに、アルファベットは表音文字として使われるようになりました。

それに対して、漢字は誕生以来現在に至るまでずっと、外来語や外国の人名地名を表すために使われる場合を除いて、基本的に表意文字として使われ続けています。

表意文字にはそれぞれの文字に固有の意味があります。そのことを逆にいうならば、それぞれの文字は特定の事物や概念を表すために作られた、ということになります。「山」という字は地表からそびえたつ「ヤマ」を表すために作られたものですし、「波」という字は水面の起伏を表すために作られました。寝ている時に脳裏に描かれる架空の映像を表すために、「夢」という字が作られました。

このような事物や概念は、人が暮らす環境においてはいわば無限に存在します。文字ができる前には、事物や概念をすべて音声による言語で表現していました。やがてそれを文字で表記するようになった時に、アルファベットや仮名のような表音文字だったら、「やま」とか「mountain」とか、「なみ」とか「wave」、「ゆめ」とか「dream」というようにいくつかの文字をならべて書けばいいわけですから、たかだか数十種の文字の組みあわせで、それぞれの事物や概念を表せます。しかし表意文字である漢字では、それぞれの事物や概念を指し示すために個別の文字が作られなければなりませんでした。漢字の字種（ある一つの文字体系の中で使われる文字の種類）が時代とともに増加したのは、表意文字がもつ宿命だったのです。

そしてそれに加えて、漢字には悠久の歴史があります。漢字の字数が増加した理由の二つ目は、この文字が使用されてきた時間の長さにあります。

化学元素周期律表

元素記号 → K
原子番号 → 19
元素名（中国語）→ 钾
＊は人工の元素
原子量 → 39.098_{3}

周期	IA	IIA	IIIB	IVB	VB	VIB	VIIB	VIII			IB	IIB	IIIA	IVA	VA	VIA	VIIA	0	电子层	0族电子数
1	1 H 氢 1.0079																	2 He 氦 4.00260	K	2
2	3 Li 锂 6.94_{1}	4 Be 铍 9.01218											5 B 硼 10.81	6 C 碳 12.011	7 N 氮 14.0067	8 O 氧 15.999_{4}	9 F 氟 18.998403	10 Ne 氖 20.17_{9}	L K	8 2
3	11 Na 钠 22.98977	12 Mg 镁 24.305											13 Al 铝 26.98154	14 Si 硅 28.085_{5}	15 P 磷 30.97376	16 S 硫 32.06	17 Cl 氯 35.453	18 Ar 氩 39.94_{8}	M L K	8 8 2
4	19 K 钾 39.098_{3}	20 Ca 钙 40.08	21 Sc 钪 44.9559	22 Ti 钛 47.9_{0}	23 V 钒 50.9415	24 Cr 铬 51.996	25 Mn 锰 54.9380	26 Fe 铁 55.84_{7}	27 Co 钴 58.9332	28 Ni 镍 58.70	29 Cu 铜 63.54_{6}	30 Zn 锌 65.38	31 Ga 镓 69.72	32 Ge 锗 72.5_{9}	33 As 砷 74.9216	34 Se 硒 78.9_{6}	35 Br 溴 79.904	36 Kr 氪 83.80	N M L K	8 18 8 2
5	37 Rb 铷 85.467_{8}	38 Sr 锶 87.62	39 Y 钇 88.9059	40 Zr 锆 91.22	41 Nb 铌 92.9064	42 Mo 钼 95.94	43 Tc 锝 (99)	44 Ru 钌 101.0_{7}	45 Rh 铑 102.9055	46 Pd 钯 106.4	47 Ag 银 107.868	48 Cd 镉 112.41	49 In 铟 114.82	50 Sn 锡 118.6_{9}	51 Sb 锑 121.7_{5}	52 Te 碲 127.6_{0}	53 I 碘 126.9045	54 Xe 氙 131.30	O N M L K	8 18 18 8 2
6	55 Cs 铯 132.9054	56 Ba 钡 137.33	57—71 La-Lu 镧系	72 Hf 铪 178.4_{9}	73 Ta 钽 180.947_{9}	74 W 钨 183.8_{5}	75 Re 铼 186.207	76 Os 锇 190.2	77 Ir 铱 192.2_{2}	78 Pt 铂 195.0_{9}	79 Au 金 196.9665	80 Hg 汞 200.5_{9}	81 Tl 铊 204.3_{7}	82 Pb 铅 207.2	83 Bi 铋 208.9804	84 Po 钋 (209)	85 At 砹 (210)	86 Rn 氡 (222)	P O N M L K	8 18 32 18 8 2
7	87 Fr 钫 (223)	88 Ra 镭 226.0254	89—103 Ac-Lr 锕系	104 * (261)	105 * (262)	106 * (263)														

镧系	57 La 镧 138.905_{5}	58 Ce 铈 140.12	59 Pr 镨 140.9077	60 Nd 钕 144.2_{4}	61 Pm 钷 (147)	62 Sm 钐 150.4	63 Eu 铕 151.96	64 Gd 钆 157.2_{5}	65 Tb 铽 158.9254	66 Dy 镝 162.5_{0}	67 Ho 钬 164.9304	68 Er 铒 167.2_{6}	69 Tm 铥 168.9342	70 Yb 镱 173.0_{4}	71 Lu 镥 174.96_{3}
锕系	89 Ac 锕 227.0278	90 Th 钍 232.0381	91 Pa 镤 231.0359	92 U 铀 238.029	93 Np 镎 237.0482	94 Pu 钚 (244)	95 Am 镅* (243)	96 Cm 锔* (247)	97 Bk 锫* (247)	98 Cf 锎* (251)	99 Es 锿* (254)	100 Fm 镄* (257)	101 Md 钔* (258)	102 No 锘* (259)	103 Lr 铹* (260)

三〇〇〇年以上に及ぶ漢字の歴史は、同時にまた東洋に暮らした人間の社会とともにありました。この長い時間に中国ではたえまない文化の発展があり、社会には新しい事物や概念がどんどん登場しました。そしてそれに応じて、さらに多くの漢字が新たに作られることとなりました。

上の図版は現在の中国でもっとも規範的な字書である『新華字典』の巻末に載せられている「化学元素周期律表」です。ご覧のように、この表の中にはアルファベットで表される元素記号に対応して一つずつ漢字が配置されていますが、それらは「鉄」や「銅」など少数のものを除いて、私たちにはまったく見慣れない漢字ばかりです。実はこれらの漢字のほとんどは、元素を表すためだけに使われる漢字であり、いうまでもなく近代的な化学が中国に伝わってからはじめて作られたものなのですが、この元素記号用の漢字だけでも、今では優に一〇〇個を越えています。

さらにまた、第1章で書いたように、漢字は本家である中国から周辺諸国にも伝わって、それぞれの国で言語を書き表すのに使われてきました。漢字の総量が増えた理由の三つ目は、それが使用された範囲の広さにあります。

「漢字文化圏」内の各国は、自国の言語表記に適するように漢字にさまざまな工夫を凝らしてきました。それがもっともわかりやすいのは日本で、日本では中国に存在しない漢字を独自に作ることまでしてきました。「峠」や「榊《さかき》」、あるいは「辻」「鰯」など、「国字」と呼ばれるものがそれです。

漢字に膨大な数の字種が含まれることとなった背景には、右のような種々の理由が考えられ、その結果、五万とも六万とも数えられるほどの漢字が作られてきたのですが、しかしそのように大量の漢字のすべてを、歴代の中国あるいは日本人が実際に使いこなしてきたわけでは決してありません。

ここまでに述べてきた漢字の総字数は歴史的な蓄積の結果であって、これまで存在したあらゆる漢字の総量にほかなりません。歴史の軸を輪切りにし、特定の時代ごとに断面を考えれば、それぞれの時代で使われていた漢字は実はそれほど多くはありません。数万とも数えられる漢字のうちの大多数は、実際にはほとんど使われないものだったのです。

大多数は「死文字」

そのことを考えるために、過去の中国で漢字に関してもっとも権威のある書物と考えられていた『康熙字典《こうきじてん》』を例として見てみましょう。

清の康熙帝《こうきてい》の勅命によって編纂《へんさん》された『康熙字典』(一七一六年完成)には全部で四万七〇三五字が収められていて、『大漢和辞典』ができるまでは、世界最大の収録字数を誇る字典でした。この大きな字書が作られたのは、もちろん皇帝の権威発揚という要素もあるのですが、それ以外に、それまでよく使われていた明の『字彙《じい》』と『正字通《せいじつう》』という二種類の字書の誤りを正し、さらにそこに収められていない漢字を収録することが目的でもあっ

康熙字典
辰集上
日部
日 古文 囸 唐韻正韻人質切集韻韻會入質切𡖂音馹說文實也太陽之精不虧博雅君象也釋名日實也光明盛實也
易乾卦與日月合其明又繫辭縣象著明莫大乎日月又說卦離爲火爲日周禮天官九嬪註日者天之明禮
祭義日出於東史記天官書註日者陽精之宗前漢律歷志日合於天統後漢荀爽傳在地爲火在天爲日淮南子天文訓火
氣之精者爲日 又書舜典協時月正日傳合四時之氣節月之大小日之甲乙使齊一也又洪範五紀三日日傳紀一日疏
從夜半以至明日夜半周十二辰爲一日又禮曲禮外事以剛日內事以柔日疏十日有五奇五偶甲丙戊庚壬五奇爲剛乙
丁己辛癸五偶爲柔也又郊特牲郊之祭也迎長日之至也註迎長日者建卯而晝夜分分而日長也 又左傳文七年日衞
不睦註日往日也 又左傳桓十七年天子有日官諸侯有日御註皆典歷數者 又史記日者傳註卜筮占候時日通名日
者 又集韻而力切音暱義同 又韻補叶而至切李嵩述志賦審機動之至微思遺餐而忘寐表略韻於納素託精誠於白
日 類篇唐 旦 唐韻集韻韻會得案切正韻得爛切𡖂丹去聲說文明也从日見一上一地也玉篇朝也曉也爾雅釋詁旦
武后作囸 早也書大禹謨正月朔旦詩陳風穀旦于差又大雅昊天曰旦淮南子天文訓日至于曲阿是謂旦明 又
詩衞風信誓旦旦箋言其懇惻款誠疏旦旦猶怛怛釋文旦旦說文作悬悬 又詩衞風朱傳旦旦明也 又前漢惠帝紀當
爲城旦舂者註城旦者旦起行治城舂者婦人不豫外徭但舂作米皆四歲刑也 又震旦西域稱中國之名樓炭經葱河以
東名震旦 又盍旦禮坊記相彼盍旦註盍旦夜鳴求旦之鳥 又與神同禮郊特牲所以交於旦明之義也註旦當 㫐 集
爲神篆字之誤也 又韻補叶都眷切庾敳意賦宗統竟初不別兮大德亡其情願天地短於朝生兮億代促於始旦 韻
竹角切音涿說文同涿 增 百 字彙補古文昏字代醉編日出一 二 旨 古文 [illegible] 廣韻職雉切集韻韻
流下滴也奇字从日乙 上爲旦日入一下爲昏一地也 會軫視切𡖂音指說
文美也書說命王曰旨哉傳旨美也詩邶風我有旨蓄傳旨美也 又正字通凡天子諭告臣民曰詔旨下承上曰奉旨 又
玉篇意也志也易繫辭其旨遠疏旨意深遠 又韻補叶脂利切左思魏都賦蓋比物以錯辭述清都之閑麗雖選言以簡章
徒九復 𣅀 廣韻烏皎切集韻伊鳥切𡖂音杳說文望遠合也从日匕匕合也 早 廣韻集韻韻會正韻𡖂子皓切遭上聲說
而遺旨 讀若窈窕之窈註徐鍇曰匕相近也故曰合也玉篇或作杳窅 文晨也 又先也易坤卦由辨之不早辨
也 又與皁同周禮地官司徒宜皁物註皁物柞栗之 叶 韻會古文協字前漢五行志叶用五紀 𣅁 集韻昏古作 旫 玉
屬釋文皁音早本或作早說文作皁从日在甲上 註叶和也餘詳十部六畫 亦作叶 旦註詳四畫 篇
他調切音挑 旬 古文 [illegible] 廣韻詳遵切集韻韻會松倫切正韻詳倫切𡖂音紃說文徧也十日爲旬書堯典朞三百有
篇海日晦也 六旬有六日又大禹謨三旬傳旬十日也禮曲禮凡卜筮日旬之外日遠某日旬之內日近
某日 又詩大雅來旬來宣傳旬徧也 又易豐卦雖旬无咎註旬均也 又前漢翟方進傳旬歲開免兩司隸註師古曰旬
滿也旬歲猶言滿歲也 又旬始星名史記天官書旬始出於北斗旁狀如雄雞 又正韻須倫切音荀義同 又集韻規倫
切本作均周禮作旬周禮地官均人豐年則公旬用三日焉註旬均也讀如營營原隰之營易坤爲均 旭 廣韻許玉切集韻
今書亦有作旬者 又韻補叶松宣切柳宗元祭從兄文留連遊歡涉月彌旬夜燚膏炬晝凌風煙 韻會吁玉切𡖂音
勗說文日旦出貌讀若勗一日明也詩邶風旭日始旦疏旭者明著之名朱傳日初出貌 又爾雅釋訓旭旭蹻蹻憍也註皆
小人得意憍蹇之貌 又前漢揚雄傳嘻嘻旭旭註師古曰自得之貌也 又前漢揚雄傳洶洶旭旭文選李善註鼓動之聲

康熙字典 辰集上 日部 一畫 二畫

康熙字典

て、そのことは『康熙字典』の「凡例」に次のように書かれています。

『正字通』に載する所の諸字は、多くいまだ尽くさざるもの有り。今つぶさに字書・韻書・経史子集などの来歴の典確なる者を采《と》り、竝《なら》びに編入を行い、各部各画の後ろに分載し、上に「増」字を加え、以て新旧を別つ。

すなわち『康熙字典』での各部内で画数順に掲げられる漢字のうち、「増」という標識で区切られたところより後に置かれている漢字は、『正字通』に収められておらず、『康熙字典』においてはじめて収録された漢字である、というわけです。しかしこの「増」以下の部分は、きわめて特殊な「僻字《へきじ》」(めったに使われない漢字)ばかりです。これらはかつて字書の上に一度姿を現しただけで、実際にはすでに死んでしまっている漢字なのです。

同じことが『大漢和辞典』や『漢語大字典』についても言えます。これらの大きな字書は膨大な字数を収める便利な書物として、日本でも中国でも幅広い層によって利用されています。しかし誤解を恐れずにいうならば、実際にこのような辞書(または字書)を使いこなすのは至難《しなん》の業《わざ》です。というのは、これらの書物は収録文字数が多すぎ、またそれぞれの字義や熟語の説明が詳しすぎて、専門家以外には必要でない情報が余りにも多く含まれているからです。

もちろん収録語彙が多く、説明が詳しいというのは、字書にとって望ましい条件の一つです。『説文解字』に始まる中国の字書の歩みは、収録字数を増やし、それぞれの漢字に関する説明を詳しくするという方向で発展してきました。しかし字書がこれまでに存在したすべての漢字を網羅的に収めようとした結果、実際にはまったく使われない漢字が大量に載せられるということになってしまったのです。

異体字整理の必要

漢字はいくつあるのかということと、いくつ必要なのかということとは、まったく別の問題なのです。今の私たちの目の前には、数万に達する漢字が存在します。しかしそのうちの大多数は実際にはほとんど必要とされない漢字でした。だから私たちがこの膨大な量の漢字を前にして最初におこなうべきことは、本当に必要な漢字とそうでないものとを精選することです。

今の日本における漢字使用で、大きな混乱現象が見受けられるのが異体字の問題です。異体字とは、形は異なるけれども発音も意味もまったく同じという関係にある文字群で、実例を挙げれば「跡」と「蹟」、「鶏」と「雞」、「烟」と「煙」などがそうです。

このような異体字はできるだけ整理し、特別の問題がない限り一つの字形に統一するべきです。確たる論拠もなく、同じ意味なのに複数の字形を使うのはいたずらに混乱を助長するだけだからです。しかしこの異体字統合の過程においても、なかなか理論通りにことが運ばないケースもあります。その一つは固有名詞で、自分の姓は「宮崎」ではなく「宮嵜」である、あるいは「渡辺」や「渡邊」ではなく、「渡邉」である、「高橋」ではなく「髙橋」であるという主張に対しては、他人がその人の希望する字体の変更を強制しにくいのも事実です。

文字とは言語を書き表すための符号体系です。そのことを強調して、本来の目的を目指して効率よい表記体系を押し進めるならば、異体字はどしどし整理すべきです。しかし文字は単にそのような道具としての一面の他に、書き手のアイデンティティ、あるいは個性を強烈に反映するという性格ももっています。特に東洋の伝統的文化では漢字の個性がきわめて重視され、情報伝達の機能を越えて、芸術性まで追求されることが珍しくありませんでした。

長い時間と芸術的深みを背景にもつ漢字は、書き手の個性を縦横無尽に発揮できる文字です。しかし機械による文字表記が日常的になった現代においては、言語表記の効率化のために文字の没個性化が主張されます。漢字はまさに今、そのはざまにあるのです。そのジレンマを克服するためには、漢字を使う一人一人が、主体的かつ積極的に、自分が使う漢字の選択に取り組むことしか、解決の途はないでしょう。

第3章

これからの漢字を考える

3●1 現代中国の漢字

最近の大学では外国語科目として中国語を選択する学生が激増しており、私のところでも四月には教室に大量の学生が集まります。入学したばかりの一年生の教室はさすがにしんとしていますが、その中で教科書をもの珍しげにめくる学生から、「この字はきっと『東』だな」とか、「ふーん、糸ヘンはこうくずすのか」といった私語が響いてきます。

北京国際空港到着ロビー。私が乗ってきたのと同じジャンボ機から降りた数人の日本人が、簡略化された漢字で書かれた掲示板を眺めながら、「中国は漢字の国だから筆談でなんとかなると思っていたけれど、こんな漢字では無理だなぁ」などと話しています。ある時には「中国が『略字』なんか使うようになったから、俺たちに読めなくなったのだ」という、これまでの文字改革の成果を蹂躙《じゅうりん》するような暴言を聞いたこともありました。

太平洋戦争が終了してから、漢字にも新しい時代が訪れました。特に一九四九年一〇月一日の中華人民共和国成立は、漢字をとりまく情況に画期的な変革をもたらすものとなりました。それまでの旧中国では、漢字は主としてひとにぎりの知識人が読み書きするものにすぎず、それ以外には商人が帳簿をつける時に利用されるくらいだったのが、人民が社会の主人公となってからは、文字にも新しい役割と位置づけがあたえられました。そのためにおこなわれた改革の全体を、中国では「文字改革」と呼んでいます。

中国の革命を指導し、新しい国造りに成功した毛沢東《もうたくとう》は、一九四〇年に執筆した『新民主主義論』という論文の中で、これから創造するべき新中国の文化を「大衆の文化」と規定し、「言語や文字についても「文字は必ず一定の条件のもとに改革されなければならないし、ことばは民衆に近づけなければならない」と述べています。毛沢東はさらに建国後の一九五一年にも「漢字は必ず改革し、世界の文字に共通する表音文字の方向に進まなければならない」との指示を出しました。

毛沢東の指示は何よりも強力な命令ですから、新しい中国は文字と言語を民衆のものとするための改革を国家方針として出発しました。最初にその潮流に応えたのは、建国直後の一九四九年一〇月に北京に建てられた民間の研究団体「中国文字改革協会」で、さらに五二年には教育部（文部省）に「文字改革研究委員会」が作られ、それが二年後には国務院（内閣）に直属する「中国文字改革委員会」に昇格しました。このように文字や言語に関することがらを専門に扱う部署が政府内に設けられたことは、数千年の文字の歴史を誇る中国においてもはじめてのことでした。

こうして国によって文字と言語の改革が本格的かつ強力に推進されたわけですが、この時の改革の主要な目的は、

一、全国に通用する標準語の制定
二、漢字の発音を表記するための表音システムの作成
三、漢字の簡略化

の三点にありました。

書体の変化

簡体字の制定と普及

人民共和国になってからの言語文字政策の中で、政府がもっとも力を注いだのは漢字の簡略化でした。さきほども述べたように、漢字は以前はごく一部の知識人しか読み書きできないものであり、圧倒的多数の人民は漢字とは無縁のままでしたが、そんな状態を作り出した原因は、主として漢字の字形が複雑で覚えにくいものであったからにほかならない。このような認識のもとに、革命後の政府は複雑な字形を簡略化することに積極的に取り組み、構造を簡単にした漢字（これを「簡体字《かんたいじ》」といい、簡略化する前の本来の字形を「繁体字《はんたいじ》」といいます）を正式の文字として採用し、簡略化された漢字を公文書の記録や書籍の印刷、あるいは学校教育などに積極的に使用するように指導しました。

実際には簡体字の歴史は非常に古く、革命後の中国ではじめて生まれたものではありません。そもそも殷の時代に使われていた「甲骨文字」以来の漢字の歩みは、外面的には金文・篆書・隷書・行書・楷書といった書体の変化という形をとりながら、実質的には複雑な字形を簡略化してきた歴史であったといえます。昔から文字を書く人は、より速く、より簡単に書ける文字を求めて、自発的に簡便な書き方を追及してきたというわけです。

旧中国でも、儒学の経典の学習や科挙の試験といった公式の場は別として、個人間の私信やちょっとしたメモなど日常的な場では、知識人たちも偏やつくりを書きやすいように省略した簡単な字形の文字を使うことが多かったのです。しかし過去におけるそのような簡体字は「略字」とか「俗字」とか呼ばれ、しょせんは特殊な状況下にしか使われないものので、正統的な文字とは認められず、価値の一段低いものと見なされていました。

ところが、教育を普及して国力を充実するための必要が論じられ、国民の圧倒的多数が漢字を読めない情況を打破するために、文字を改革してより多くの人が漢字を使用できるようにとの機運が盛りあがりはじめると、それまでは社会的に認められなかった俗字を見直し、民衆になじみやすい簡単な文字を広く普及させるべきだとの主張が唱えられはじめました。そしてその簡体字が、革命後は一転して国家の正規の文字と認定され、公式の印刷物などにも堂々と使われるようになりました。

中華人民共和国政府が公式に制定した簡体字に関する規定は、一九五五年に発表された「漢字簡化方案（草案）」で、それが翌年に国務院から正式に公布されました。この「漢字簡化方案」には、この方案が制定された時にはすでに新聞や雑誌などに使われ、従来の社会でも頻繁に使われていた簡体字や、あるいは簡略化には問題がないものの、慎重を期すためにとりあえずこの方案によって試用して、社会の反応を見ようとするものなどが含まれていました。簡体字を社会にはじめて主人公として登場させた委員会は、当初きわめて慎重な姿勢をとっていたのですが、簡略化された漢字は社会から熱烈な歓迎を受けました。

一九五八年、国務院総理（日本の首相に相当）であった周恩来《しゅうおんらい》は、それまでの文字改革を総括した演説「当面の文字改革の任務」の中で、次のようなエピソードを披露しています。

河南省のある小学校の先生が子供たちに簡体字を紹介する時に、「〝豊作〟の〝豊〟は

1	ヘンやツクリなど簡単にして画数を減らす				
	記→记	統→统	銅→铜	飲→饮	財→财
2	もとの漢字の一部分だけを使う				
	務→务	郷→乡	虜→虏	類→类	離→离
3	複雑な構造の部分を単純な記号に直す				
	漢→汉	難→难	時→时	斷→断	對→对
4	以前から使われていた構造の簡単な異体字に置きかえる				
	從→从	辭→辞	爾→尔	無→无	體→体
5	草書体(または行書体)の字形を楷書化する				
	書→书	專→专	報→报	師→师	檢→检
6	複雑な部分を同音の簡単な文字に置きかえる(形声)				
	遷→迁	華→华	鐘→种	價→价	勝→胜
7	簡単な字の組み合わせでもとの意味を表す(会意)				
	塵→尘	筆→笔	國→国	寶→宝	陽→阳
8	同音の別字で代用する(同音代替)				
	機→机	穀→谷	麵→面	瞭→了	裏→里

簡体字の作り方

これからは簡体字としてヨコ棒三本とタテ棒一本の『丰』と書く」と話すと、子供たちは拍手喝采して大変に喜んだ。また天《てん》津《しん》のある労働者は、「盡」・「邊」・「辨」の三文字をずいぶん長い間勉強したが、どうしても覚えられなかった。ところがこんど簡体字になったら、尽・边・办はすぐに覚えられた。

実際これまでに漢字と縁がなかった人にとっては、簡体字はまさに福音でした。こうして簡体字はすさまじい勢いで社会に普及し、それ以後は正規の漢字として公式文書や新聞雑誌、あるいは書物の印刷などに使われるようになりました。

しかし文字の簡略化は「両刃の剣」であって、徹底的につき進めれば漢字に関する規範の喪失につながる危険があり、漢字が誰にも読めないものになってしまう可能性もありました。だから文字改革委員会は、漢字の簡略化を何らかの統制手段のもとにおこなうとしました。古い規範の廃止は、同時におびただしい種類の新しい漢字の出現につながる可能性があり、委員会はその運動が自分たちの手に負えなくなってくることを心配していたのです。

右に紹介した演説の中で、周恩来はこの問題について、次のように語っています。

現在の社会では簡体字使用に関して若干の混乱現象がある。一部の人は自分勝手に簡体字を作るが、その人以外には誰もその字が読めない。このようなことはもちろん良くない。簡体字の濫造は適正に制限しなければならない。人がノートをとったり私信を書いたりする時にどのような字を書いても誰もとやかく言わないが、しかし布告とか通知を書くとなると、それはみんなが見るものだから、統一基準に従わなければならない。とりわけ印刷物やタイプの文書で勝手な簡体字を使うことはやめなければならない。

好き勝手に作られる簡体字

しかし周恩来の危惧は、文化大革命（文革）の開始とともに現実のものとなりました。一九六六年から始まった「文化大革命」は、既存の権力に対する反逆を積極的に肯定するもので、漢字の簡略化は最初から「マルクス主義的、プロレタリアート的」な方法とされていましたから、文革の時には新しい簡体字を作って使うことが、自分の言語生活が「革命的」で正しいことを示す有力な方法と考えられました。こうして壁新聞やあらゆる種類の印刷物に、これまで見たこともない略字が使われはじめました。

文化大革命が終結した段階では、社会にはこのような未公認の簡体字が氾濫しており、相当な混乱状態にあったようです。それを整備するために、政府は一九七七年一二月に「第二次漢字簡略化方案（草案）」を発表し、それまで民間で使われていた大量の未公認の簡体字を正規の文字と公認しようとしました。しかしこの方案はさまざまな紆余曲折を経て、一九八六年一月に、最終的に廃案とされました。

廃案となった理由はいろいろと考えられますが、第二次方案で採択の候補となった未公認の簡体字には、限られた地域や組織の中だけでしか使われていないものが多く、社会全体にまだ認知されていなかった未熟な文字が多く取りこまれていたことが主要な原因でした。またその方案には同音による代替字が多すぎ、偏旁の簡略化も不徹底で、さらに試用があまりにも性急であったために、実際の効果もよくなかったようです。

しかし政府が新しい簡体字を公認するかしないかにかかわらず、民衆の中にすっかり定着し、制作と使用が完全に軌道にのった漢字簡略化の動きは、民衆が本来もつ爆発的なエネルギーとともに進み、実際の中国の街角には政府公認の簡体字以外に民衆が独自に作り出した簡体字があふれているのが現実です。それにそもそも一般の人々は、どの字が正規の簡体字であり、どの字がそうでないかということを知らないのが普通ですから、簡体字の使用が定着してからは、新しい簡体字を作るなどという方が無理であって、このような動きはもはや誰にもとめることができなくなっています。

混乱の実例

実際の街角における漢字の混乱情況を、一枚の写真で示そうと思います。

ちょっと古い写真ですが、これは一九八九年の春に、江蘇《こうそ》省のある農村で私自身が撮影したものです。写真の看板は「炒貨《チャオフオ》」（カボチャやスイカなどの種子を炒めた食品の総称）を販売する店のものですが、上には横書きに「炒貨店」とあり、縦書きの部分は右には「自制炒貨」（自家製の炒めもの）、左行には「歓迎品嘗」（試食歓迎）と書かれています。

上の中央にあるのは「貨」の簡体字のつもりでしょうが、これは正規の簡体字として公認されていない俗字です。私もこの字を見たのはこの時がはじめてで、近くにいた人に聞くまではそれが何の字であるかわかりませんでした。

街角における漢字の混乱（著者撮影）

それはさておき、この看板には実はもう一つ「貨」という漢字が使われています。それは縦書き右行の最下字で、上部のものとははっきりと字形がちがっています。つまりこの看板を書いた人は、わずかこれだけの文字を書くのに二つの異なった「貨」を使ったというわけです。

この看板はさらにご丁寧にも、正規の簡体字が使われるのが普通の文字について繁体字を使っています。それは左行最初の「歡」字で、この字は今の中国ではどこでも正規の簡体字である「欢」を使うのが普通であるにもかかわらず、なぜかここでは繁体字が使われています。

要するにこの看板には、正規の簡体字として公認されていない略字が使われているし、さらに簡体字で書くのが普通である字について逆に繁体字を使ってもいる、というわけです。別にこの看板を書いた人をあげつらうわけではありませんが、現代中国における漢字の混乱状態がほぼここに集約されているといっても過言ではないでしょう。

◎繁体字の復活

今の中国における漢字の問題の一つに、民衆が独自に作った未公認の「簡体字」によって、正規の簡体字を定めた規範が揺るぎだしているということがありますが、それよりもっと深刻なのは、この看板にも見える繁体字の復活現象です。

繁体字は文字改革の初期にはまるで仇敵のように排除されたものでしたが、今ではすでに復権しているといってよい状態になっています。特にここ数年の繁体字使用の隆盛には目を見張るものがあります。

繁体字の復活は、台湾との関係が改善され、台湾から里帰りを兼ねた観光客が激増して、彼らが「大陸の簡体字は読めない」とクレームをつけだしたのがきっかけです。

台湾では簡体字をまったく使用していませんが、それでも台湾の人が簡体字を読めないというのは、おそらくウソです。ウソといって悪ければ、それは相当に誇張した言い方である、というべきでしょう。およそ中国語の文章が読める人ならば、簡体字であろうが繁体字であろうが、意味はほとんどわかるものです。だから台湾や香港の人々は実際に簡体字が読めないのではなく、単に読みにくいか馴染めないだけで、そしてその背景には、自分たちの漢字に対して「勝手に」大胆な省略を加えた文字改革政策そのものに対する反発があるのでしょう。それは伝統的な文化に内在するアイデンティティに深く根ざした発言にほかなりません。

しかし台湾から観光をかねて里帰りする人々は経済力を持っていますから、大陸で商売をする人々は彼らの意志に迎合するにやぶさかでありません。先方が簡体字をいやがるのならば、繁体字を使えばよいではないか、これなら台湾や香港のみならず、日本や韓国からの観光客やビジネスマンにだって好評を得るにちがいないとの思惑が働いたのでしょう。現実に海外との合弁で進められている事業に関係する文章は、ほとんどが繁体字で表記されていますし、観光のポイントとなるところでも、説明や案内の掲示が繁体字で書かれていることは珍しくありません。中国が台湾への開放政策を実施しはじめてから、社会での繁体字の使用は激増しており、それはあたかも小さなブームのようであって、そのことが街角における文字使用の混乱に拍車をかけているようです。

そしてその延長として、今の中国ではどうやら繁体字は高級な印象をあたえる文字としての位置づけをあたえられつつあるようです。繁華街の目抜き通りでも、高級衣料品を扱うブティックや豪華なレストランなどでは看板に繁体字を使い、それに対して一般の商店では「むかしながらの」簡体字を用いるという傾向が如実に感じられます。
中国でも今、漢字はブームの中でまさに正念場にさしかかっているといえるでしょう。

3●2 朝鮮半島の問題

つぎに朝鮮半島における漢字の問題を考えてみましょう。

東アジアにおける戦後最大の変化は、朝鮮半島にあったといえるでしょう。そこは不幸な、そして日本人としてはまことに胸が痛む政治的状況によって、今も南北二つに分断されたままになっています。うちの北半分、すなわち北朝鮮（朝鮮民主主義人民共和国）ではどうやら漢字が全面的に廃止され、朝鮮語を表記するための民族文字「ハングル」が全面的に使われているようです（ただしコンピュータで漢字を表示するコードは独自のものを作っているようです）。それに対して南半分を占める韓国では、今も漢字とハングルの二種類の文字が併用されています。

朝鮮半島で漢字を使って記録を作成するようになったのは三世紀の三国時代あたりからですから、そこでも漢字はほぼ二〇〇〇年近い歴史をもっていることになります。もともとこの地域では漢字の発音と朝鮮語に基づく訓を利用して、国家や民族固有の人名や地名、あるいは官名、それに詩歌などを表記していました。このような表記方法を「吏読《りと》」といいます。

しかし八世紀半ばごろから中国との関係が深まり、人的交流がさかんになると、漢字漢文の知識をもった人が増えはじめました。さらに中国での官吏登用方式を導入し、「科挙」によって人材登用をおこなう（西暦九五八年）ようになると、知識人や官僚たちは全面的に漢字を使って漢文で文章を書くようになりました。こうして朝鮮半島では、口では朝鮮語を話し、文章は漢字を使って漢文を書くという、二重の言語生活が続くこととなりました。

◎ハングルについて

このような全面的漢字使用状況に対して、十五世紀の半ばに自分たちの言語を表記するための独自の文字が作られました。それが「ハングル」です。

ハングルは李朝第四代の皇帝世宗《セジョン》（一三九七―一四五〇年）治世の一四四三年に作られ、

一四四六年に「訓民正音《くんみんせいおん》」という名前で公布されました。「ハングル」はその通称で、「ハン」は「大きい」、「グル」は「文字」の意味ですから、「偉大な文字」という意味で命名されたものです。民族固有の文字をこのように呼んだことには、民族意識の高揚を目指し、後世から名君とたたえられる世宗の気概がこめられているのでしょう。なおこの「訓民正音」が公布された一〇月九日は、現在の韓国では「ハングルの日」として、国の祝日になっています。

表音文字であるハングルは、それぞれのまとまりごとに韓国語の音節を表記する、音節文字としての性格をもっています。字母には精密な音声学的観察が反映されていて、全体のシステムも非常に合理的なものである、と言語学的に高く評価されています。

ハングルは朝鮮語を表記するためのもっとも便利な文字ですが、しかし中国から強い影響をうけ、儒学を国教として尊びつづけた過去の伝統的な社会では、公用文字としての地位を獲得することができませんでした。近年にいたるまで、貴族や官僚、それに知識人たちは漢字と漢文で文章を書き、ハングルは民間で、主として女性と子供が使う文字という性格をあたえられていたのです。

それが一八九〇年代になって、ようやくハングルに対して正式な文字という認識がもたれるようになってきました。一八九五年に出版された『四民必知《しみんひっち》』の序文に「漢字で書かれた文章ではすべての人が理解し読むことができないが、国文（ハングル）は本国の文字であるばかりでなく、広く一般の男女民衆の誰もが読みやすいと感じるものである」と記されています。

その時代での文章でもっともよく見られた形式は国漢文混用、つまり「漢字ハングルまじり文」でした。しかしこのようにハングルの地位が向上しはじめた矢先の一九一一年に、朝鮮王国は日本によって併合され、以後一九四五年の日本の敗戦まで日本語を強制的に使わされる不幸な時代が続きました。その間、ハングルを使うことは厳しく禁止されました。

ハングルが朝鮮語を書くための正規の文字としての位置づけをあたえられたのは、第二次世界大戦が終了してから後のことです。

朝鮮半島における戦後処理のためにアメリカ軍政庁が設置した「朝鮮教育審議会」は、韓国の文字について、小中学校の教科書では必要な場合だけ漢字をカッコの中に入れると定めました。つまり文章は基本的にハングルで書き、同音異義語の識別など必要な時だけ、漢字をカッコの中に入れる形で併用してもいい、というように決めたわけです。これはそれまでの、漢字が主でハングルが従であった状態と、まさに正反対の文字使いになります。

このようにハングルを重視する政策を取り出した背景には、それまでずっと優れた民族文字をもっていたにもかかわらず使うことが許されなかった忌まわしい記憶に対する強い反発があったのでしょう。ともあれ政府の決定によって、学校で使われる教科書は原則的にすべてハングルだけで書かれるようになりました。また一九四八年一〇月に公布された「ハングル専用に関する法律」によって、教科書だけでなく公文書もハングルだけで書くように規定されました。

ハングルVS漢字

韓国の政府は建国後これまで一貫して、ハングルだけの文章表記を推奨し、そのための政策を強く進めてきました。その具体的な政策としては、一九五五年に文教部（文部省）が「大韓民国の公用文書と新聞・雑誌及び公衆標示物はハングルで書く。但し学術用語としてやむを得ない用語については漢字をカッコ中に添え書きする」という「ハングル専用令」を制定しました。その方針を一層進めるために、一九五八年一月一日からハングル完全専用表記の実施を目指しましたが、しかし社会には漢字を使う根強い伝統があって、ハングル完全使用運動は完全な成功にはいたりませんでした。それでもこの政策の結果として政府機関の公文書はハングル一〇〇%になり、街頭の商店の看板などもほとんどこの時期に、完全にハングルのみとなりました。続いて一九六一年からは法院（裁判所）の判決文もハングルだけで書かれ、一九六二年三月からは新聞・雑誌においてもハングル専用の実施を計画しました。しかし出版界には依然として漢字使用の要望が強く、これは抵抗にあって失敗しました。

韓国語をすべてハングルで書くために、従来の漢字語をわかりやすい民族語にいいかえるという改革がおこなわれました。これは漢語には同音異義語が多くて、表音文字だけでは意味の区別がつきにくいからで、そのためたとえば「恐妻家」という漢語を「妻怖がり屋」といいかえ、「逮捕する」ことを「捕まえる」といいかえました。他にも「交通事故多発地帯」は「車の事故が多く起きるところ」と、「改悛《かいしゅん》の情」は「悔い改める色」といいかえられました。

一九六〇年代から七〇年代にかけても、政府はさらにハングル専用運動を進め、一九六八年一〇月二五日には大統領の指示によって、次のような布告が出されました。

一、一九七〇年一月一日より、行政・立法・司法のあらゆる文書だけでなく、民間書類もハングルを専用し、国内では漢字が書かれた書類を授受しないこと。
二、文教部内にハングル専用研究委員会を設置し、一九六九年前期以前にわかりやすい表記方法と普及方法を研究・発表させること。
三、ハングルが使えるタイプライターの開発を促進し、末端機関まで普及させて使用すること。
四、言論・出版界にハングル専用を積極的に奨励すること。
五、一九四八年に制定された「ハングル専用に関する法律」を改定し、一九七〇年一月一日から専用するようにして、漢字の部分的使用を認めた但し書きを排除すること。
六、各段階の教科書から漢字を除くこと。
七、古典のハングル翻訳を急ぐこと。

一読すればわかるように、この指示はあまりにも急進的なもので、当然のごとく社会から反発をうけました。しかし政府の姿勢は強く、一一月七日にはハングル専用委員会を設置し、続いて同月二七日には一九五一年以来使われてきた教育漢字を廃止するなど、強硬な措置をつぎつぎに実施しました。こうして一九七〇年一月一日から公文書や法令が完全にハングル化され、三月からは小・中・高等学校の教科書がすべてハングルだけで書かれるようになりました。

しかし政府によるそれほどの強力な措置にもかかわらず、新聞はあいかわらず「国漢混用体」を使い続けました。漢字を使う風潮は社会の一部には依然として強く、ハングルの完全な専用化はついに実施できずじまいでした。逆に、漢字を復活すべしとの世論に従って、一九七二年には漢文教育用基礎漢字一八〇〇字が認定され、一九七五年からは中学・高校の国語教科書にこれらの漢字が併記されるようになりました。

大統領みずからが廃止しようとした漢字を復活させることに関する政府の立場は、これまでの民族文化の伝統を受け継ぎ、それを発展させるためには漢字と漢文に対する理解は必須のものであって、日常的な言語表記と、漢字の教育は別の次元で捉えるべきものである、というものでした。伝統的に儒教道徳を尊重し、その高揚を国是とする韓国では、これまでの長い時間に蓄積されてきた伝統的な文化を継承するために、中国古典（すなわち漢文）の教育は必須でした。また近隣の国家、主として中国（台湾を含む）との交流のためにも中国語の需要は高く、そのためには漢字教育が欠かせませんでした。ハングル専用化を推進する一方に、しかし絶対に漢字とは無縁でありえなかった韓国の実態をそこにかいま見ることができます。

韓国における漢字の復権

韓国では国会が一九四九年に、学校教育で簡単な漢字を教えることと定め、その具体的な方法の決定を文教社会委員会に依託しました。これに基づいて同委員会は合計一〇〇〇字の教育漢字を制定し、それを教科書に併記するようにと定めました。さらにその後、文部省にあたる文教部が韓国語の中で使用頻度の高い漢字三三一二字を選び、一九五七年にはそれまでより三〇〇字増加した合計一三〇〇字の教育漢字を公布しました。

しかし前述の大統領令によって一九七〇年から教育漢字が廃止され、教科書もすべてハングルで書かれるようになりました。それでも漢字全廃に対する社会の反発は強く、一九七二年にはあらためて一八〇〇字で構成される「漢字教育用基礎漢字」を制定せざるをえなくなりました。そして一九七七年八月には、大統領が「漢字を現在のまま増減することなく、新しい世代のために一貫性のある教育と語文政策を実施せよ」との指示を出しました。

学校教育に見られるように、やはり漢字を使うべきだという意見は社会に強く、漢字の復権を唱える議論が近年特に勢力を大きくしています。漢字復活を主張する根拠は、だいたい以下のように整理されます。

一、韓国語の語彙はこれまでの歴史的要因によって、大部分が漢語語彙で構成されている。それはもともと中国から伝わった単語ではあるものの、すでに一〇〇〇年以上の歴史をもっており、いまでは完全に韓国語を構成する基本的な単語となっている。

二、辞書の中で七〇％近くを占める漢字語彙を正確に理解するためには漢字教育が不可欠で、それぞれの漢字の意味を理解してはじめて単語の正確な意味が理解できる。教科書に出現する漢字語彙だけでものべ一一万六〇〇〇語あまりに達し、それに必要な漢字はだいたい二〇〇〇字と考えられる。

三、漢字は本来的に造語力と語義の分析性に優れており、また略語を作る能力もきわめて優秀である。特に学術用語においては、漢字を使わないと正確な概念を表せないことがしばしばある。

四、現在と今後のアジアで韓国をとりまく環境を想定すれば、もっとも大きな影響をもつのは日本と中国であるのは異論のないところだが、その両国はいまも漢字を使いつづけている。今後の国際交流の発展を考えれば、韓国だけが漢字から離れて、日本や中国との交流の面でマイナスの要因を増やすことは決して得策ではない。

五、これまでの韓国の文化遺産のほとんどは漢字で表現されてきたものであり、この貴重な文化遺産を一般大衆が継承できなくなる危険が目前に迫っている。それを放置することは許されないし、文化遺産を一部の専門家のためだけのものとすることも許されない。

韓国は今も儒教道徳を尊重し、その高揚を国是とするお国柄です。だから過去に蓄積されてきた伝統的な文化を若い世代もしっかりと継承していくべきだという意見は、韓国の社会で大きな説得力をもっています。それに近年目覚しい発展を示すビジネス界を中心として、近隣の中国や日本との貿易・交流のためには漢字の使用と教育が不可欠であるとの意見も強く主張されます。ハングル専用化をずっと推進してきたにもかかわらず、ついに漢字と無縁でありえなかった韓国のジレンマをそこに見ることができます。

今の政府の公文書はすべてハングルで書かれていますが、実際の社会の中で流通している文書や新聞・雑誌では漢字が混用されており、しかも使用する漢字がしだいに増えつつあるのが現実です。かつてはほぼハングルだけで書かれていた街頭の看板や地下鉄・バスなどの交通機関の標示なども、オリンピックやサッカーのワールドカップなどのイベントを通じて、日本や中国との交流が進むにつれて、かなり多くの漢字が使われはじめているというのが、ここ数年間になんどか韓国を訪れた私の、最近の実感です。

3-3 日本における漢字の問題

漢字制限・廃止論の流れ

さて最後に日本の問題を考えてみましょう。

明治以来の近代化を推し進める流れの中で、日本語の書き方についても多くの模索がおこなわれ、それを受けていくつかの変化が起こりました。中でも大きな変化は文字の使い方で、文明開化によって外国との接触が深まり、ローマ字が日本人にもなじみ深いものとなってきました。そしてそれとともに、日本語を書き表す際の効率をよくするための工夫が政財界や学界などから提唱され、試みられてきました。それはカナモジ派とローマ字派に大きく二分されます。

幕末から明治にかけて、初等教育の効率を上げるため漢字を全面的に廃止せよという主張が早くも現れました。最初にこの問題を取り上げたのは、郵便事業を創始したことで知られる前島密《まえじまひそか》で、前島は慶応二年（一八六六）に時の将軍徳川慶喜《よしのぶ》に対して「漢字御廃止之儀」を上申し、その中で学習と習得に多くの時間がかかる漢字を廃止して、仮名で文章を書くべきだとの意見を開陳しました。ただしこの文章は「漢字御廃止之儀」と命名されているように、以前からの書き方にしたがって多くの漢字を使って書かれていました。

ついで一八七二年（明治五）には、土佐出身の南部義籌《よしかず》が、「西洋ノ学ヲ為スヤ唯ダ二十六ノ字ヲ知リ、文典ノ義ヲ解スレバ、即チ読ムベカラザルノ書ナシ」として、たかだか数十個の文字数で言語を表記できる西洋の言語を見習って日本語もローマ字で書くべきだ、との意見を述べています。同じような主張が、明治時代の代表的な啓蒙思想家として知られる西周《にしあまね》や、植物学者の矢田部良吉《やたべりょうきち》にも見えます。西洋の書物を読み慣れていた彼らは、表音文字だけで書かれる言語の特質をよく理解し、日本語を漢字仮名まじり文で書くことに関する問題点をよく知っていたのでしょう。さらに外交官で教育家でもあった森有礼《もりありのり》は、日本人は日本語をやめて英語を使うべし、という極端なまでに過激な説を唱えました。

日本語を仮名だけで書くべきだという主張は、一部の知識人から強い支持を受けました。一八八三年には、日本初の近代的国語辞典『言海』を編纂した大槻文彦《おおつきふみひこ》が五〇〇〇人を集めて「かなのくわい」を組織し、機関誌『かなのみちびき』を創刊しました。ローマ字派も負けてはおらず、一八八四年には哲学者の外山正一と矢田部良吉らによって「羅馬字会」が結成されました。また地球物理学者であった田中館愛橘《たなかだてあいきつ》が、日常的な手紙から学術論文までさまざまな日本語をローマ字で書くべしと主張し、一九〇九年には「日本のローマ字社」を設立し、内外に積極的な啓蒙普及活動を展開しました。

その他にも、外交官出身でのちに住友銀行の幹部となった山下芳太郎《やましたよしたろう》がカタカナが打てるタイプライターを開発するなど、さまざまな活動と試行が展開されました。ローマ字派もカナモジ派も、最終的に日本語表記の根幹を変えるという主張の実現はできませんでしたが、それでも左から右への横書きや、新聞や雑誌などでは難しい漢字の使用をある程度制限するなどの主張は、戦後の国語改革にある程度取り入れられています。

戦後の国語改革

昭和二十年八月一五日、日本はポツダム宣言を受諾して連合軍に無条件降伏し、太平洋戦争が終わりました。

戦後の日本にはＧＨＱによる占領統治がおこなわれ、その中で憲法改正や財閥解体などさまざまな改革が実施されました。それは単に政治や経済の面だけでなく、教育改革の問題とからみあって、文化面にも大きな改革をもたらすものとなりました。

教育面での改革を実施するためにＧＨＱの要請で来日した「アメリカ教育使節団」が、昭和二十一年三月に報告書を出しています。「米国教育使節団報告書」と題するその文章の中には漢字の問題も言及されていて、その中の一節に「漢字はこれまでの日本人に非常に大きな障害となっていて、特に漢字の暗記が生徒に過重の負担をかけている」との見解が述べられています。報告書はさらに漢字を廃止して表音文字による表記を勧告し、「使節団の判断では、仮名よりもローマ字の方に長所が多い。さらにローマ字は戦後の日本に民主的公民としての資格と国際的理解を育成するのに適するだろう」とまで述べています。

使節団の国語改革に関する勧告は、おおよそ以下のようなものでした。

・日本語を書くための文字としてローマ字を是非とも採用すること。
・選ぶべきローマ字は、日本の学者や教育権威者、及び政治家で構成される委員会で決定すること。
・委員会は新聞や雑誌、書籍その他を通じて、学校や社会にローマ字を採り入れる計画と実現プランを立案すること。

この教育使節団の勧告は日本の文化界に大きな衝撃をあたえました。しかしこれまで一〇〇〇年以上も続けられてきた漢字仮名まじり文のシステムを一朝一夕に放棄するわけにもいきません。それで、そんな改革の流れの動きをうけて、昭和二十一年（一九四六）一一月に、内閣訓令第七号として「当用漢字表」が制定されました。いかにＧＨＱからの指導ではあっても、漢字を一度に全廃し、ローマ字だけで日本語を書くというのはあまりにも急激な変化であって、しばらくは国語改革に漸進的な方策を取らざるをえない、そのためにとりあえず「当面の間使う漢字」を定めておこう、との考えの下に「当用漢字」が定められたわけです。

余談ですが、「当用漢字」とは「当面のあいだ用いる漢字」という意味だとはじめて聞いたとき、私はそんな馬鹿なことがあるものかと思いました。というのは、私たちのように漢文を勉強してきた者から見れば、「当用」という二文字は「まさに用いるべし」としか読めないからです。漢文でのオーソドックスな文字の使い方から考えれば、「当用漢字」は「まさに用いるべき漢字」という意味でしか理解できません。ですが、調べてみるとやはり「当面の間使う漢字」という意味で命名されたものであって、つまり「当用」は銀行の「当座預金」の「当」と同じ意味で使われたわけです。そこからも、その規格の制定に際して伝統的な漢文や漢字の専門家が参加していなかったことが推測されます。

◎当用漢字の制定

当用漢字は戦後の漢字制限の流れにそって、これからの日本語を書き表すために使うべき漢字の範囲を定めようとするもので、合計一八五〇種の漢字から構成されていました。文部大臣からの諮問をうけた国語審議会が作成して答申し、内閣告示によって公布されたもので、最初は字種だけが示されていました。それがやがて「当用漢字音訓表」（昭和二十三年）によってそこに含まれている漢字の音訓が定められ、続いて「当用漢字字体表」（昭和二十四年）が出て、日常的に使うべき字体が公式に定められました。

この「当用漢字字体表」によって、戦前まで「俗字」とか「略字」と呼ばれていた通俗的な字体が、一転して正式の字体として認定されることとなりました。たとえば連立方程式や三角関数を扱う学問は戦前まで「數學」と書かれていましたが、「數」と「學」を「当用漢字字体表」では「数」や「学」と書くと定めました。「数」や「学」はかつては「俗字」とか「略字」という名称で、価値が一段低いとされていた書き方ですが、それが当用漢字によって正式な字体と認定されたわけです。他にも「藝」が「芸」に、「國」が「国」に、「體」が「体」になるなど、当用漢字はそれまでの俗字体を数多く採用しました。「数」や「学」のような字体を〈新字〉または〈新字体〉と呼び、それに対して「數」や「學」のような旧来の漢字、すなわち当用漢字表によって淘汰された正字を〈旧字〉または〈旧字体〉と呼んでいます。この関係は、当用漢字がのちに常用漢字となってから現在にいたるまでも、基本的に変わっていません。若い読者の方のために數と學以外にも具体的な例をあげると、「図・続・売・囲・為・駅・楽・辞」が新字体であるのに対して、「圖・續・賣・圍・爲・驛・樂・辭」が旧字体である、ということになります。

◎当用漢字から常用漢字へ

当用漢字は「わが国において用いられる漢字は、その数がはなはだ多く、その用い方も複雑であるために、教育上または社会生活上、多くの不便があった。これを制限することは、国民の生活能率をあげ、文化水準を高める上に、資するところが少なくない」という基本理念の下に作られたものでした。漢字など一日も早くなくしてしまうべきだという意見が支持されていた時代の産物ですから、この程度の数くらい用意しておけば、一般社会での漢字使用でもそんなに不便や不都合はないだろうと考えられたのでしょう。

当用漢字を実際に運用するにあたってはさらに詳しい方針が明示されていて、それは、

イ、この表の漢字で書きあらわせないことばは、別のことばにかえるか、または、かな書きにする。

ロ、代名詞・副詞・接続詞・感動詞・助動詞・助詞は、なるべくかな書きにする。

ハ、外国（中華民国を除く）の地名・人名は、かな書きにする。

ただし「米国」「英米」等の用例は、従来の慣習に従ってもさしつかえない。

ニ、外来語は、かな書きにする。
ホ、動植物の名称は、かな書きにする。
ヘ、あて字は、かな書きにする。
ト、ふりがなは、原則として使わない。
チ、専門用語については、この表を基準として、整理することが望ましい。

というものでした。カタカナによる、それもイロハ順の箇条書きが使われているところに時代を感じますが、それはともかくとして、骨子としては、

表外字（漢字表に収められていない字）や表外音訓を含むことばは、別のことばに言い換えるか、表内字で書き換えるか、かな書きにする。

「五月雨」などのあて字は「さみだれ」というようにかな書きにする。

ふりがなは原則として使わない。


というものでした。

ところがその方針で実際に当用漢字を運用してみると、いろいろと不便なことがあちらこちらで起こりました。個人が書く文章は別として、政府の公文書やマスコミの刊行物では「表外字」（当用漢字に入っていない漢字）が使えないわけですから、表外字を含んでいる熟語はそのままでは書けません。そのためにはたとえば「冤罪」を「えん罪」と、「冒瀆」を「冒とく」とするように、表外字の部分だけをかなで書くか（このような書き方を「まぜ書き」といいます）、あるいは表内字だけで書ける既存の類語でいいかえるか、あるいは思い切って新しい単語を作る、という方法しかありません。しかしすべての文章で表外字を含んだ語彙をあらためるのは、実際にやってみると実に大変なことでした。

たとえば「偵」という漢字が「当用漢字」には入っていません。だから公文書や、あるいはそれに準拠する刊行物では「探偵小説」と書けません。それを回避する方法の一つは「探てい小説」と書くことですが、この漢字とひらがなを混ぜて使う「まぜ書き」はなんだかヌエ的でどうにもしっくりこない、という人が非常にたくさんいました。そこで作り出されたのが「推理小説」ということばです。ご存じのように、これは今ではすっかり定着したいい方となっています。ですが、アガサ・クリスティの小説を推理小説と呼ぶのはかまいませんが、江戸川乱歩《えどがわらんぽ》が描く明智小五郎《あけちこごろう》と怪人二十面相の物語は、やはり探偵小説であって、推理小説ではないと私は思います。なお「偵」はその後常用漢字に入りましたので、今では「探偵小説」と書いてもなんの問題もありません。

他にも「瀆」という漢字が当用漢字に入らなかったので、それまで使われていた「瀆職」が「汚職」といいかえられました。これも成功した例で、「遺蹟→遺跡」、「失踪→失跡」、「衣裳→衣装」、「蒸溜酒→蒸留酒」、「白堊→白亜」などは同様に社会に定着したケースです。

このような言いかえは取り替えるべき表外字と同じ発音の字を利用しておこなわれることが多く、「煽動」や「臆説」も、今は「扇動」「憶説」という書き方が社会にすでに定着しました。しかし中にはいまだになじめない表現もかなりあって、「激高」「障害」「混迷」「摩滅」「退廃」などは、私個人としては「激昂」「障碍」「昏迷」「磨滅」「頽廃」と書きたいものだと思います。もっともこの辺は個人差があるところかも知れませんが。

話をもとにもどして、当用漢字は使える漢字の種類や、あるいはその漢字にあたえられた音訓が少なすぎて、現実の文字使用では非常に不便である、という意見が強くありました。それで、使える漢字を制限するのは行きすぎであって、せめて使うべき漢字の「目安」を示すくらいが穏当ではないか、という考えが強くなってきました。こうして漢字の「制限」規格として制定された「当用漢字表」が一九八一年に廃止され、それにかわって日常の場での漢字使用の「目安」を示す規格である「常用漢字表」が制定されました。

常用漢字表はそれまでの当用漢字が包括していた一八五〇種の漢字を一字も削ることなく、その上にさらに九五字を加えて、合計で一九四五種の漢字で構成されました。またそれぞれの字体の変更もまったくおこなわれませんでしたが、各漢字にあたえられた音訓の数はかなり増えました。終戦直後に「暫定版」として制定された漢字の規格が、これでようやく正式版に「バージョンアップ」されたわけですが、このバージョンアップまでに、実に三〇年以上もの時間がかかりました。そんなに時間がかかったのは、当用漢字以後もあいかわらず、もっともっと漢字を制限するべきだ、とか、あるいは一日も早く漢字を廃止するべきだとの意見が社会の一部に根強く存在したからにほかなりません。

「常用」とはなにか

「常用漢字」は一九八一年三月に国語審議会が、現代における漢字使用の目安として答申したもので、それが同年一〇月に内閣告示として公布されました。その趣旨については、前文に「法令・公用文書・新聞・雑誌・放送等、一般の社会生活で用いる場合の、効率的で共通性の高い漢字を収め、分かりやすく通じやすい文章を書き表すための漢字使用の目安」と述べられている通りです。

当用漢字から常用漢字への最大の変化は、字種の増加よりもむしろ「制限」から「目安」への変化という点にありました。この「目安」という考え方について常用漢字表は特に注を設けており、「この表を無視してほしいままに漢字を使用してもよいというのではなく、この表を努力目標として尊重することが期待される」と述べています。しかし文字の使用を「がんじがらめ」にするつもりもなかったようで、すぐあとに続けて「この表を基に、実情に応じて独自の漢字使用の取決めをそれぞれ作成するなど、分野によってこの表の扱い方に差を生ずることを妨げない」とも述べられています。つまり当用漢字が「現代国語を書きあらわすために、日常使用する漢字の範囲」を示すものと、漢字使用制限のための規格として制作されたことを強調していたのに対し、常用漢字はもっとゆるやかな標準として提示されました。

「制限」と「目安」はよく似たことばと思われるかも知れませんが、実際には大きなちがいであって、「目安」への変更は非常に重要な意味をもつことでした。たとえばある遊園地でのジェットコースターで、「身長一五〇センチ以下の人は乗れません」とあればそれは制限ですが、「搭乗者の身長は一五〇センチを目安とします」とあれば、一四八センチの人でも乗れる可能性があります。それと同じように、常用漢字になってからは、場合によっては表に入っていない「表外字」を使ってもよいということになるわけで、実際に現在の新聞社は各社ごとに独自の規定を設けて表外字を使っています。ニュースで一時期には頻繁に目にした「拉致事件」の「拉」は表外字ですが、どこのマスコミもこの漢字を使っていました。また二〇〇一年にアメリカでおこった生物テロ事件に使われた「炭疽菌《たんそきん》」に関連して、はじめは「炭そ菌」と書かれていたのが、どこの新聞やテレビもすぐに「疽」という表外字を使うようになったことも、まだ記憶に新しい事実です。

「目安」として制定された常用漢字によって、漢字の使用制限はかなり緩和されました。しかし常用漢字制定時でも、使える漢字をもっと少なくするべきだとの意見や、あるいは漢字を全面的に廃止して仮名かローマ字で日本語を書くべきだという主張が、あいかわらず一部には声高に唱えられていました。そんな時代の産物ですから、現代の目で常用漢字を眺めると、ごく基本的な漢字と思えるものでもそこに入っていないものが多く見いだされます。たとえば「耳鼻咽喉科」の「咽喉」という漢字はどちらも表外字です。読者のみなさんがおそらくふだんよく使っているにちがいない「嵐」や「闇」、それに「稽」や「蹴」

や「瘦」もすべて表外字なのですから、「常用」とはいったいなにかと考えこんでしまいたくもなります。

漢字は機械では書けなかった

戦後の民主主義謳歌とすべて欧米の先進文明になびこうとする潮流の中で、いつの間にか漢字が悪者にされていました。私自身が小学校や中学校に通っていた昭和三十年代から四十年代初頭には、国語の先生でさえ、漢字はまもなく全廃されるはずだ、と堂々と明言していたものです。「漢字はまもなく消滅する」という趣旨を述べた高名な学者による書物が、その時代には何種類も刊行されていました。

しかし古代中国の悠久の歴史にあこがれ、大学では中国の文化を学びたいという願望をもっていた私は、漢字がなくなると面白くないし、日本語を読み書きするのにも困るなぁ、という気持ちをもっていました。世間の議論や一部の先生の話を聞いていると、そのうちすべてローマ字か仮名だけで日本語を書くようになるらしいけど、そんな電報のような日本語ばかり読まされるのはかなわないし、これまでの日本や中国の伝統的文化の継承はいったいどうなるのかな、という漠然とした不安感まで感じていました。

これまで述べてきたように、漢字制限論や廃止論は別段目新しい議論ではありません。江戸時代末期あたりから主張されはじめ、仮名書きとローマ字表記のちがいはあるものの、漢字を使わずに日本語を書くべきだという主張と運動がずっと長くおこなわれてきました。

特に大正から昭和にかけて、ビジネス社会からこの種の議論が唱えられるようになってきました。これは中国や韓国での漢字制限論にはあまり見られない現象です。

ビジネス界が漢字を目の敵にし、使える漢字を制限したり、あるいは廃止しようとする理由は、漢字が機械で表記できないからでした。

欧米にはタイプライターという、かつて日本には存在しなかった文房具があります。海外のビジネス社会ではその機械を使って大量の文書を迅速に、そして美しく処理している。タイピングに慣れた人なら話すのと同じスピードでキーを打てるから、話し終わった瞬間にその内容がタイプライターで印刷されるという芸当さえ可能である。それに対して、日本語を漢字と仮名をまじえて、和紙を綴じた「大福帳」に筆と墨で文字を書いている限り、いかに文字筆写が速い人でもスピードや能率の面で絶対に彼らに追いつけない。また海外の支店とも、アルファベットを使う「テレプリンター」（teleprinter）なら電話回線を使って連絡が簡単にできるが、漢字や仮名では電話回線による通信が使えない。そんな文字は今すぐにでも博物館の倉庫に放りこんでしまうに限る……これがビジネス界の常識と論理でした。若い方には想像もできないかも知れませんが、電子メールはもちろんのこと、ファックスさえまだなかった頃の話です。

近代的ビジネス業が発展してゆく過程から考えれば、タイプライターやテレプリンターなどの機械で扱えない漢字は、欧米のアルファベットにくらべてずっと遅れた段階にある、と認識されてもしかたありませんでした。だから日本ではビジネス界を中心に、そんな非近代的な文字はこれからあまり使わないようにするべきだという漢字制限論や、さらにはいっそ全面廃止して、ひらかなかカタカナ、またはローマ字だけで日本語を書くようにするべきだ、という漢字廃止論が声高に唱えられるようになっていました。

たしかに彼らがいう通り、漢字を使っている限り、機械では文章が書けませんでした。そこで日本語の文章をすべてローマ字で書くこととし、それをタイプライターで書こうとする人が現れました。ところがローマ字で書かれた文章は、慣れていないと非常に読みにくいものです。そこで、それなら仮名で書けばよいではないかと考え、英文タイプライターのキーボードにカタカナ（またはひらかな）を配置した「カナタイプライター」という機械が発明されました。第1章にも書いたことですが、私も実際に街の文房具店でその機械を見たことがあります。個人でも十分に買える程度の、比較的安価なものが発売されていました。しかし気の毒なことには、この機械は実際にはほとんど普及しませんでした。かつてのカタカナばかりで書かれた電報を思いだせばわかるように、仮名書きだけの日本語は非常に読みにくいもので、一般の人々にはそんな日本語を読み書きするのはごめんだという気持ちが非常に強かったのです。

ワープロの登場

この状況を打開するために、日本語をなんとか機械で書けるようにしようとする試行錯誤と努力がくり返されているうちに技術がどんどん進歩し、一九七〇年代には大型コンピュータ（最初は「電子計算機」と呼ばれていました）で漢字が使えるようになりました。コンピュータによる漢字処理といっても、最初は個人が使えるようなレベルのものではありませんでした。それは白衣を着たエンジニアたちが何人もかかって操作するもので、データは大きな磁気テープに記録されていました。

それは電力会社やガス会社、あるいは生命保険会社など、一〇〇万人をはるかに越える多くの顧客を抱え、大量のデータを頻繁《ひんぱん》かつ迅速に処理しなければならない会社のニーズによって、開発が進められてゆきました。それらの会社は顧客データを処理するために、早くから大型コンピュータを導入していましたが、最初はデータをカタカナで処理していました。そんな大きなコンピュータでも最初は漢字が使えなかったので、カタカナでデータを処理するというのは、やむを得ない処置でした。

しかしやはり漢字を使って業務処理をしたいというユーザーの要求は強く、やがて技術の発展がそれに応える形で、一定量の漢字がコンピュータで扱えるようになってきました。皆さんの中には、自宅に届けられるガスや電気の請求書や領収書に、もともとカタカナで書かれていた住所や氏名がいつの間にか漢字に変わっていたということに気づいた方も多いのではないでしょうか。

コンピュータで一定量の漢字が使えるようになると、今度はそれぞれの漢字にあたえられたコードが、大手コンピュータメーカー各社の間でまちまちであることが問題になってきました。

コードとは、それぞれの漢字につけられた背番号のようなものです。たとえばA社のコンピュータに「1234」というコードを送ると「山」という漢字が画面に表示されるけれども、同じコードをB社のコンピュータが受けとれば「川」が出る、という状況では大きな混乱が起こります。それでコンピュータという工業製品で漢字を扱う時の規格を統一する必要が起こり、一九七八年に財団法人日本規格協会によって、日本工業規格（Japanese Industrial Standard. いわゆるＪＩＳ）として「情報交換用漢字符号系」が定められました。これを一般にＪＩＳ漢字規格、あるいはＪＩＳコードなどと呼んでいます。これによって約六三〇〇もの漢字（正確には第一水準に二九六五字、第二水準に三三九〇字、合計六三五五字あります）が、どこの会社の機械でも同じように処理できるようになりました。

大企業でのコンピュータ利用が進み出した七〇年代末期に、画期的な「電子式日本語タイプライター」という機械が発売されました。それは「ワードプロセッサー」（以下、通称によって「ワープロ」と書きます）という名前で世の中に姿を現しました。

ワープロといっても、最近のパソコンの上で動かす「一太郎」とか「ワード」のようなアプリケーションソフトのことではありません。最初は英文タイプライターのキーにあたる部分に仮名かローマ字を配列し、それを使って書いた仮名書きの日本語をコンピュータの力で漢字まじりの文章に変換して画面に表示し、編集と保存ができ、さらには簡単に印刷までしてしまうという機械でした。つまり日本語記録・編集・印刷機能だけに特化させたコンピュータで、のちにパソコンが普及するようになると、「ワープロ専用機」と呼ばれてパソコンと区別されました。ただしパソコン全盛の今では、もうワープロ専用機は生産されていないそうです。

ワープロは、それはこれまでの日本語記録環境を根底から改変する、実に革命的な機械でした。

一九七八年九月に東芝がＪＷ－１０という機械を発売しました。それが日本で最初に発売されたワープロで、ちょうど電子ピアノくらいの大きさの、今のパソコンからは想像もできないほどに大きなものでした。文書を保存するのはフロッピィディスクを使ったのですが、八インチフロッピィというまるで下敷きのように大きなものをいれてしばらく待っていると、やがてカッタンコットンと音を立ててディスクが回転したものでした。

値段は六三〇万円！　もちろん企業で使われる業務文書を作ったり印刷するために使われることを想定して開発されたもので、一般人が気軽に買えるものではありませんでした。しかしコンピュータがもっているすぐれた能力を駆使して、漢字を使った日本語が簡単な機械の操作で書け、しかも画面上で自由に編集もできるし、保存もでき、さらにはボタン一つ押すだけで即座に印刷までできるという機械の登場は、衝撃的な業務革命をもたらすものとして、社会に大きな反響を呼びました。

東芝に続いて、コンピュータを扱っていた各社から、ワープロが次々に発売されました。もともと各メーカーは数年前からワープロの開発に取り組んでいたようで、東芝が発売した一年前にはシャープがビジネスショーに参考出品としてワープロを展示していましたし、また大型コンピュータの代表的なメーカーで、いち早く漢字をコンピュータに乗せることに成功していた富士通でも、独自にワープロの開発が進んでいました。その他のメーカーでも事情はおそらく同じだったでしょう。こうして一九八〇年前後には各メーカーが出揃って、メーカー各社が独自の機能を売りものにした新製品のワープロを続々と発表するという情況が出現することとなりました。

最初に発売された東芝の機械になぜ「ワードプロセッサー」という名称があたえられたのか、私にはよくわかりません。もともとコンピュータで各種のデータを処理する「データプロセッシング」という業務があったことから、文章を作成する機能をそのように呼んだのでしょうが、しかし「ワードプロセッサー」をそのまま日本語に訳せば「単語加工処理機」となるでしょう。実際に作られた機械の機能から考えれば、加工処理されるのは単語（ワード）だけではなく、文章全体なのですから、ワープロという名称がはたして本当に実体にふさわしいものかどうか、私にはいささか疑問です。「日本語電子タイプライター」という呼称が、やはりこの機械の日本における文化史的意義をもっとも正しく表していると思いますが、しかしともあれ現在では「ワープロ」という名称が社会にすっかり定着しています。

東芝がワープロを発売したことを報じる新聞記事を見て、これはすごいものができたなとの実感をもったことは今でも忘れません。ただ六三〇万円という価格は一般人でさえ手が出ないものであり、まして私は大学院の学生でした。手が届くはずもありませんでしたが、いつかこの機械が自分の机の横に設置できる日が来るようにと願わずにはいられませんでした。しかし私がその願望を果たし、自分の机の上に小さなワープロを置くことができたのは、それからわずか五年後のことでした。短い期間にこれほど急激に価格が下がった商品も、日本の商品経済史の中で珍しいのではないでしょうか。しかもそれは単に低価格にこだわった品質の劣る粗悪なワープロが乱造されたということではなく、価格は安くなったにもかかわらず、機能はどんどんと向上していきました。このことは日本のコンピュータ技術が相当に優秀なもので、また同時にこの機械が一般の人々からいかに多大の需要をもって歓迎されたかを如実に物語ることといっていいでしょう。

ワープロは安くなるとともに急速に社会に普及しはじめ、それとともに、漢字は機械では書けないという議論は、完全に論拠を失うこととなりました。近頃では「漢字全廃論」はいうまでもなく、使用できる漢字の種類を制限しようとする議論さえも、ほとんど聞かれなくなってしまいました。ワープロの普及によって漢字の特性が見直され、その結果として「漢字ブーム」が起こりました。戦後ずっとやっかいもの扱いされていた漢字は、ワープロによって完全に復権を遂げました。もっとも先端的な工業製品によって、世界でもっとも使用時間の長い歴史を有する古い文字が再評価されるとは、まことに皮肉な話です。

これからの問題

エンジニアたちの真摯な努力によって、数千字もの漢字が自由に扱えるようになったコンピュータを前にして、日本語を書く環境に空前の変化が起きています。

私が勤めている大学では、事務室から届けられる書類も、学生が書いてくるレポートもほぼすべてパソコンで作られています。先日届いた事務書類に書かれていた注意書きには

「手書きでの提出はご遠慮ください」とまで書かれていました。さらに今では個人のパソコンがインターネットにつながっていますので、情報が瞬時にやりとりされるようになっています。いたるところで使われている携帯電話の中にもコンピュータが組みこまれていて、手のひらに収まるほどの小さな電話でも数千種類の漢字を使って電子メールが送れるようになっています。

これからの日本では、ビジネスの世界のみならず、個人レベルでも生活の中心にはいやおうなしにコンピュータが位置することはおそらくまちがいありません。そしてすでにコンピュータがここまで漢字を処理できる能力を得ている限り、漢字の将来がコンピュータから離れて存在することはまずありえないでしょう。今後コンピュータを中心とした文化がさらに進展するにつれて、日本人の漢字に対する認識は確実に変化してゆくと思われます。

ワープロやパソコンが短期間にこれほどまでに普及したのは、ひとえに漢字仮名まじり文の日本語表記の需要が社会に根強くあったからにちがいありません。そのことは、二〇年ほど前まであれほど多数の仮名文字主義者やローマ字主義者が、大変な情熱と努力を傾けて、日本語の仮名書きやローマ字書きによる表記方法を宣伝し、普及させようとしたにもかかわらず、実際にはそれらの方法が社会にほとんど定着しなかった事実と、実は表裏一体の関係にあるのです。

コンピュータの力を借りれば、漢字仮名まじり文がいとも簡単に、かつ迅速に書くことができます。その操作もそんなに難しいものではありませんし、プリンターからはきわめて美しい文書が瞬時に印刷されて出てきます。かつて学生時代に一所懸命に勉強し、苦労して漢字を覚えた世代からは、こんな機械で書いた文字には心がこもっていないとか、コンピュータだけで文章を書いているとそのうち手書きで漢字が書けなくなる、という苦言が呈せられることもよくありますが、しかしパソコンの普及だって、要するに新しい文房具が普及したというだけの話です。新しい文房具の普及によって、言語文化に若干のさまがわりが生じることは当然であって、明治の頃に毛筆からペン書きに移行した時にも、きっと毛筆派からペン書きに対する苦言が呈せられたことでしょう。それと同じことが今起こっているにすぎないのです。

大学や高校はもちろんのこと、今や小中学校でもパソコンを使った授業がおこなわれる時代です。ほぼ一〇〇%に近い率で大学生が携帯電話をもっており、そのほとんどが電話を使ってメールの送受信をしています。コンピュータで日本語を書く人が、これからますます増えていくのはまちがいない事実で、その趨勢はもはや誰にも止めることができません。

それでも、だからといって、これからのコンピュータ社会に問題がまったくないわけでは決してありません。コンピュータと漢字の関係で最大の問題は、やはり機械が扱える漢字の範囲に一定の制限があることでしょう。しかもこの制限は、これまでの当用漢字や常用漢字のように役所から文書で通達される規格とはちがい、機械そのものから生じる物理的な制限であるだけに、よけいにやっかいです。文字を手で書くならば、どのような漢字でも、その気になれば嘘字や自分が創作した文字ですら自由自在に書くことができますが、しかし機械で書く場合には、書けない文字はどうやっても書けません。書ける文字と書けない文字がはっきりと分かれるというのは、漢字の歴史始まって以来はじめて経験することがらなのです。

ワープロ・パソコンでは書けない漢字

コンピュータで使える漢字は、日本工業規格によって定められています。これまでの当用漢字や常用漢字は文部省（現在の文部科学省）が制定した規格でしたが、コンピュータやワープロは工業製品なので、工業製品としての基準に準拠する必要があります。そうでなければ、A社のワープロで書かれた文書がB社の機械では読めないか、あるいはちがった文字で表示されるということになってしまいます。それで文字に関することがらではあっても、工業製品としての規格に準拠することになるわけです。

ＪＩＳ漢字コードがはじめて制定されてから、これまですでに二〇年以上の時間がたちました。コンピュータで漢字を扱うといっても、最初はとんでもなく大きな機械で、それも大企業の工場内で特別に設置された「クリーンルーム」の中で、白衣を着たエンジニアたちだけが操作する機械でしたから、一般の人間にはほとんど関係がありませんでした。しかし半導体技術の急速な進歩とともにコンピュータが小型化し、ワープロやパソコンが安価な家電製品として社会に普及するにつれて、エンジニアのみならず、ビジネスマンや研究者、さらには学生や主婦までがそれを使って文章を書くようになると、ＪＩＳコードにまつわる問題点がいろいろと指摘されるようになってきました。

今の社会で広く使われているＪＩＳ漢字規格はX0208というものですが、そこでは使用される頻度に応じて漢字が二つの部分に分かれており、日常的な文書での使用頻度が非常に高いと思われる基本的な文字（ひらがな・カタカナ・漢字・数字・記号・ローマ字・ギリシャ文字など）二九六五文字を「第一水準」、日常的にはそれほど使われないけれども、人名や地名、あるいは特殊なケースで必要になると思われる漢字三三九〇字を「第二水準」として、合計六三五五字から構成されています。なおこの規格に入っていない漢字や記号を、ユーザー自身が作って使うこともちろん可能です。ただしそれはあくまでもそれぞれの機械だけに限定しての話であり、機械が異なれば互換性はまったくありませんし、インターネットを通じてのメール交換もできません。

「ＪＩＳ漢字には必要な漢字が入っていない」とよくいわれます。私たちのように中国の古典文献を研究する仕事に携わっている者には、それが日常的に実感されます。たとえば六朝時代に世俗の生活から逃避して山中で隠者として暮らした「竹林《ちくりん》の七賢《しちけん》」の一人である嵇康《けいこう》の姓はパソコンでは表示できません。現代中国の研究者も同様で、かつての中国の実力者であった鄧小平氏の姓に使われる「鄧」や、香港に隣接する経済開発地区である

「新洲」の「洲」がJISコードに入っていないことは、研究者のみならず新聞や雑誌の記者にもはなはだ困る事態です。

ことは中国研究者だけではなく、また近代日本文学を専攻する知人は、『阿房列車』などの名作で知られる内田百間の名前が書けないとぼやいていています。また仏教の研究者も事態は深刻で、仏教経典をパソコン・ワープロだけで書くことはまず不可能です。「色即是空、空即是色」で知られる『般若心経』はたかだか二七〇字ほどの短い経典ですが、それですらJISコードにない漢字が二字あります。

中国関係や仏教に関する文章を書く人にとっては、JIS漢字コードは実にいろいろとやっかいな問題を抱えています。かつての手書きの時代なら、その気になればどのような漢字でも書けました。よしんばそれが嘘字でも、あるいは自分が勝手に作った字でも、書こうと思えば自由自在に書けました。しかしパソコン・ワープロでは、書けない漢字は絶対に書けません。そして相手が機械であるだけによけいに始末に困ります。

漢字はどれくらい必要か

自分が困っていることは、誰だって大きな声で叫びたいものです。だからでしょう、パソコンで使える漢字が少なすぎる、こんなことではまともな文章など書けるわけがないという趣旨の意見が、ここ数年あちらこちらから、特に文筆業に携わる人々からよく聞こえてきます。しかし考えてみれば、パソコンを使う人のすべてが中国古典や仏教の研究者、あるいは難しい漢字がいっぱい出てくる小説を書く作家だというわけではありませんから、そんなJISコードにない漢字を使った人名や語彙を頻繁に書くわけではありません。

パソコンを使って文書を作成するというケースをごく日常的な場で考えれば、学生ならレポートや論文の作成でしょうし、商店や会社なら業務日報とか会議の資料などを作るためでしょう。わが家のこどもたちも学校の宿題として出される作文や、生徒会の資料をパソコンで作っていますし、余暇にはインターネットでチャットという「おしゃべり」に夢中です（余暇というより、むしろそちらの方がメインになっているともいえますが）。そのオンラインでのおしゃべりで、JISに入っていない漢字が登場することなどまず考えられません。

家庭でワープロ専用機やパソコンを使う用途として考えられるのは、だいたい年賀状や暑中見舞いの作成、あるいはちょっとした手紙を書いたり、結婚・出産・転居などの通知状を作ったり、PTAや町内会の会合の案内を作るということくらいではないでしょうか。そんなごく一般的な日本語の文書を作るだけなら、JIS漢字コードに収められている約六五〇〇字でまったく十分であるのも事実です。

それでは私たちにとって必要な漢字の字数とはいったいどれくらいなのでしょうか。

それはもちろん個人によって大きなばらつきがありますが、しかしどんなに多く見積もっても、現在出版されている一般的な漢和辞典が収録している約一万字のすべてを必要とすることなど考えられません。

日本の小学校では、六年間を通じて合計一〇〇六の漢字が読み書きできるようにと学習指導要領で定められています。これは小学生の日常生活に深く関係することがらを表すことばを書くための重要な漢字ばかりで「教育漢字」と呼ばれています。

このように義務教育で教えられる漢字が約一〇〇〇字、さらには一般社会での文字使用の目安として定められた「常用漢字」が一九四五字（教育漢字はこの中にすべて含まれます）、そしてそれ以外に日本人の人名に使うことが認められている「人名用漢字」が約九〇

○字（以前は二七〇〇字あまりだったのが、平成十六年一〇月に大幅に追加されました）ありますから、今の日本ではだいたい三〇〇〇弱の漢字が使えれば、社会生活を送るのにまずまず不自由しないと考えられるでしょう。

しかしそれだけでは不足する現実があることは、「炭疽菌」や「咽喉」の例で述べたとおりです。はなはだ曖昧ないい方ですが、どうやら三〇〇〇字もあれば今の日本で漢字を使うのにはまず不自由しないでしょう。携帯電話で使える約六〇〇〇もの漢字のすべてを使って、それでもまだ足りないという方がおられたら、ぜひとも一度お目にかかってみたいものです。

漢字は難しくなくなった

コンピュータで日本語を書く最大のメリットは、どんな難しい漢字でも、それがコンピュータで使える漢字である限り、いとも簡単に表記できるということにあります。昔はさんざん苦労させられた「憂鬱《ゆううつ》」だって「穿鑿《せんさく》」だって「顰蹙《ひんしゅく》」だって「矍鑠《かくしゃく》」だって「魑魅魍魎《ちみもうりょう》」だって、いくつかのキーを打つだけでたちどころに画面に表示できますし、マウスをクリックするだけであっという間にきれいな書体で印刷できます。

近頃はあまり目だたなくなりましたが、ワープロが普及しはじめたころには漢字を使いすぎるという傾向がよく指摘されました。キーを押すだけで次から次に漢字に変換されるものですから、興味深さと面白さが入りまじって、なんでも漢字に変換しようとする人が多かったようです。「明けまして御目出度う御座居ます」と書かれた年賀状をもらって驚いたことがありますし、今でも「駆け付ける」とか「雨に降り込められる」という文章を見ると、私は「付」や「込」という字が気になってしようがありません。手で文章を書いていた時にはきっと「駆けつける」とか「降りこめられる」と書いたでしょうから、「付」や「込」は過度の漢字変換というべきです。しかしそれも、最近では仮名漢字変換のソフトが「かしこく」なってきており、ソフトの方で度の過ぎた漢字の使用を制限する工夫がされているようです。

このようにコンピュータで日本語を書く習慣が定着するとともに、世間には一つの「信念」ができあがりました。それは、「コンピュータで文章を書いていると、やがて手書きでは漢字が書けなくなる」というものです。みなさんの中にも「パソコンを使うようになってから自分で漢字を書く機会が減ってしまい、いざ漢字を書こうと思ったら意外に忘れていてとまどってしまう…」という印象をもっておられる方がたくさんおられることと思います。

文章を書く機会の増加

パソコンで文章を書けば、画数の多い難しい漢字でも簡単に書けます。しかしコンピュータが普及する前に、私たちはそんな難しい漢字を一つ一つ手書きで書いていたでしょうか。たとえば「愕然《がくぜん》」とか「咄嗟《とっさ》」ということばを、手書きの時代にも気軽に使ったでしょうか。

もちろん出版社に勤める編集者や文筆業の方なら難しい漢字を書く機会も頻繁にあったでしょう。しかしそんな「文章のプロ」ではなく、ごく一般的な日本人は難しい漢字など手書きではほとんど書かなかったにちがいありません。

私の父は、六一歳で没するまでずっと活版印刷業を営んでいました。父は旧制の高等専門学校を卒業しているので、若い頃には一通りの勉強をしてきたと思えますし、晩年の趣味の一つは読書でした。さらに印刷という仕事を通じて、毎日大量の漢字とつきあっていました。しかし父は個人として文章を書くことがほとんどありませんでした。もちろん仕事の面では業務日報などをつけていましたが、仕事から離れたプライベートな場では、文章を書くことなどめったにありませんでした。

ひまがあれば友人に手紙を書くという「筆まめ」な人をのぞいて、かつての日本人は自分で文章を書くという行為とほとんど無縁だったといってもいいでしょう。しかしそんな人でも、お歳暮の礼状程度の文章を書かねばならないことがまれにありました。わが父はそんな時、「最近は漢字をよく忘れるようになったなぁ」とぼやきながら、老眼鏡をかけて国語辞典を引いていたものでした。

それまで書けていた漢字が、ある時突然書けなくなるという現象は、誰にだって起こります。専門は漢字の研究ですと看板をかけている私だって、しょっちゅう漢字を忘れては家族にあきれられています。しかし漢字を忘れるのは、別にコンピュータで文章を書くようになったからではありません。パソコンなど見たこともなかった父と同じ時代に生きていた人々だって、日常的に漢字を忘れていたにちがいないのです。

ではなぜ多くの人が、最近はよく漢字を忘れるようになったと感じるのでしょうか？そ れはコンピュータが普及してから、日常的に文章を書く人が激増したからです。

機械を操作することが面白いからなのか、あるいは文章をこつこつと手で書く苦労から解放されたからなのか、ともかくコンピュータが普及してから、それまで文章などほとんど書かなかった人が、大量に文章を書き出すようになりました。携帯電話による電子メールの流行が、その傾向に拍車をかけました。今では小学生から老人まで、実に多くの人が、喫茶店や電車の中はもちろんのこと、時には街頭で立ったまま、本当に寸暇を惜しんでという表現がぴったりするほどまめにメールをやりとりしていますが、しかしそんなに頻繁にメールをやりとりしている人のすべてが、もともと「筆まめ」だったというわけではありません。むしろ事実は逆で、学生時代に課題として与えられた作文や読書感想文が苦手だった、あるいは大嫌いだったという人の方が圧倒的に多いはずです。

機械を使えば、漢字を手で書く必要がありません。だからそこでは漢字を忘れるということが起こりませんし、「辞書」が機械の中に内蔵されているので、漢字を「書きまちがう」こともありません。「ワープロ誤植」と呼ばれる同音異義語の選択ミスはありますが、それは「ど忘れ」とは別の問題です。

そんな時代になっても、しかし目の前にパソコンなどの機械がない時には、以前と同じように、手でコツコツと文章を書かねばなりません。もちろん自分が使いたい漢字が目の前に表示されるわけではありません。その時に漢字の「ど忘れ」が起こるのです。しかしそれは文字記録環境が機械普及の前にもどっただけの話で、漢字が書けるか書けないかは、もとをただせば、漢字に関する個人それぞれの知識量と習得達成度によるのです。

かつて漢字は、小学校以来の学生時代に多大の時間をかけて、一所懸命に習得しなければ身につかないものでした。習得の達成度にはもちろん個人差があり、同じ三〇歳の男性でも、難字が頻出する「漢字検定試験」一級に合格する人もいれば、一九四五字で構成される常用漢字くらいならなんとか書ける、というレベルの人もいます。しかしどんな人であっても、小学生の時には一日一〇〇字か二〇〇字の漢字を、マス目の入ったノートにポツポツと、眠い目をこすりながら埋めていった経験をもっているはずです。

このような地道で辛抱強い努力を続けてきた結果として、やがて一定の量の漢字が使いこなせるようになります。しかし学校を終えて社会に出ると、大多数の人は文章を書く機会が急に少なくなるものです。漢字を読むことは毎日のようにあるでしょうが、しかし漢字を書かねばならない機会は誰にも毎日あるわけではありません。こうして時間が経つうちに、せっかく習得した漢字を、つい書けなくなってしまうことがあります。これがほかでもなく「ど忘れ」と呼ばれる現象です。

これを避けるためには、たくさんの漢字を日常的に手で書くことしかないでしょう。漢字の習得は車の運転やコンピュータの操作に似たところがあって、日常的な反復が最善の方法なのです。

現代の日本人は以前にくらべて、文章を書く機会が格段に増加しました。それはコンピュータや携帯電話を使っての行為ではあるものの、それにしても多くの人が日本語を日常的に、なんの気負いもてらいもなく書くようになったことは疑いもなくすばらしいことです。これほどたくさんの人が、日常生活で大量に文章を書くというのは、これまでの日本の文化史の中では未曾有の事態なのです。

コンピュータは日本語記録環境を根底から改変しました。機械を使っての執筆では、執筆者本人がもともと書けたかどうかすらあやしい難字だって、いとも簡単に書けます。そんな機械を使っての執筆だから、ともすれば自分は漢字を書くのに苦労しないという錯覚をもってしまうのですが、どんな人にももともと書けない漢字はあるし、反復訓練の欠如とともに、ある日突然かつて書けていた漢字が書けなくなります。だがそれは機械のせいではなく、手で文章を書く機会が少ない人にはいつの時代にもついてまわる、実に単純な現象なのです。漢字を忘れるようになったと嘆くよりも、このように多くの日本人が日本語とより濃密に、そしてより真剣に向かいあえる状況が到来したことの方を、私はむしろ高く評価したいと考えます。

著者紹介

阿辻　哲次（あつじ・てつじ）

一九五一年大阪市生まれ。一九七五年京都大学文学部中国語学中国文学科卒業。一九八〇年同大学院博士課程修了。静岡大学助教授等を経て、現在、京都大学大学院人間・環境学研究科教授。専攻は中国文化史。主な著書に『図説　漢字の歴史』（大修館書店）、『漢字のベクトル』（筑摩書房）、『漢字の文化史』（ＮＨＫブックス）、『タブーの漢字学』（講談社現代新書）、『部首のはなし』（中公新書）など著書多数。

『知っておきたい漢字の知識』

発行日――二〇〇五年九月十三日　初版第一刷

著　者――阿辻哲次

発行者――柳原喜兵衛

発行所――柳原出版株式会社

〒六一五-八一〇七 京都市西京区川島北裏町七四

電話 〇七五-三八一-二三一九

ＦＡＸ 〇七五-三九三-〇四六九

印刷／製本――亜細亜印刷

http://www.yanagiharashoten.co.jp/

ISBN4-8409-3061-9　C0020

落丁・乱丁本のお取り替えは、お手数ですが小社まで直接お送りください（送料は小社で負担いたします）。